清华时间简史

# 化学系

(1926—1985)

吴华武　梁琼麟　著

清华大学出版社
北京

版权所有，侵权必究。举报：010-62782989，beiqinquan@tup.tsinghua.edu.cn。

**图书在版编目(CIP)数据**

清华时间简史. 化学系：1926—1985 / 吴华武，梁琼麟著. -- 北京：清华大学出版社，2025. 2. -- ISBN 978-7-302-68384-1

Ⅰ. G649.281

中国国家版本馆 CIP 数据核字第 20255RC098 号

责任编辑：樊　婧
封面设计：曲晓华
责任校对：薄军霞
责任印制：宋　林

出版发行：清华大学出版社
　　　　　网　　址：https://www.tup.com.cn，https://www.wqxuetang.com
　　　　　地　　址：北京清华大学学研大厦 A 座　　邮　编：100084
　　　　　社 总 机：010-83470000　　　　　　　　邮　购：010-62786544
　　　　　投稿与读者服务：010-62776969，c-service@tup.tsinghua.edu.cn
　　　　　质量反馈：010-62772015，zhiliang@tup.tsinghua.edu.cn
印 装 者：三河市东方印刷有限公司
经　　销：全国新华书店
开　　本：155mm×230mm　　印　张：13　　字　数：195 千字
版　　次：2025 年 4 月第 1 版　　　　　印　次：2025 年 4 月第 1 次印刷
定　　价：59.00 元

产品编号：103860-01

# 清华大学校史编辑委员会

主　　任：邱　勇
副 主 任：向波涛　方惠坚　贺美英　张再兴　庄丽君　胡显章
　　　　　叶宏开　孙道祥　胡东成　韩景阳　史宗恺　范宝龙
　　　　　覃　川
委　　员（按姓氏笔画排序）：
　　　　　马　赛　马栩泉　王　岩　王有强　王孙禺　王赞基
　　　　　方惠坚　邓丽曼　邓景康　卢小兵　叶宏开　叶富贵
　　　　　田　芊　史宗恺　白本锋　白永毅　丛振涛　朱育和
　　　　　朱俊鹏　向波涛　庄丽君　刘桂生　许庆红　孙海涛
　　　　　孙道祥　杜鹏飞　李　越　杨殿阁　邱　勇　邱显清
　　　　　余蒲潇　张　佐　张　婷　张再兴　陈　刚　陈克金
　　　　　范宝龙　欧阳军喜　金富军　宗俊峰　赵　伟　赵　岑
　　　　　赵　鑫　赵庆刚　胡东成　胡显章　贺美英　袁　桅
　　　　　顾良飞　钱锡康　徐振明　唐　杰　曹海翔　韩景阳
　　　　　覃　川　裴兆宏

# "清华时间简史"丛书
# 总　序

清华大学走过了110多年的沧桑历程。从一所留美预备学校,到独立培养人才的国立高等学府;从抗战烽火中的西南联大,到新中国成立回到人民的怀抱;从院系调整后的多科性工业大学,到改革开放后逐步发展成综合性、研究型、开放式的世界一流大学,清华见证了中国高等教育的发展壮大,也成为世界高等教育发展的重要组成部分。

在一所大学的历史中,学科与院系的建立、变迁与发展是十分重要的方面。1911年清华学堂建立,1912年更名为清华学校;1925年设立大学部,1926年设立了首批17个学系;1928年更名为国立清华大学,此后相继设立文、理、法、工4个学院,下设16个学系;1937年南迁长沙,与北京大学、南开大学合组长沙临时大学,1938年西迁昆明,成立国立西南联合大学,联大共设有5个学院26个学系;1946年复员后,清华大学设有文、理、法、工、农5个学院26个学系,1948年底清华园解放;20世纪50年代的高校院系调整后,清华大学成为多科性工业大学,设有8个系,至"文革"前发展成12个系;改革开放以来,大力加强学科建设,恢复和新设了许多院系,目前共有按学科设置的20多个二级学院,近60个系,以及承担人才培养和学术研究任务的若干研究院、中心等,覆盖理学、工学、文学、艺术学、历史学、哲学、经济学、管理学、法学、教育学和医学等11大学科门类。

清华大学始终非常重视校史研究和编纂,早在1959年就成立了校史编辑委员会,下设校史编写组,现已发展成校史研究室、党史研究室、校史馆"三位一体"从事校史研究和教育的专门机构。几十年来,先后编纂出版了《清华大学校史稿》《清华大学史料选编》《清华人物志》《清华大学志》《清华大学图史》《清华大学一百年》等一系列学校层面的校史系列图书。同时,许多院系和部门也结合院系庆等契机,组织编写了纪念文集、校友访谈录、大事记、人物名录及宣传画册等图书资料,多形式、多侧面、多角度地反映了自身历史的发展。但长期以来,全面系统的院系史研究、编写和出版,还是校史研究编纂工作中的空白。

2015年前后,校史编委会委员、教育研究所原所长王孙禺教授和校史研究室研究人员李珍博士,与相关院系合作,对电机系、人文社会科学学院、教育研究院等院系的历史进行了深入研究,相继编写出版了《清华时间简史:电机工程系》《清华时间简史:人文社会科学学院》《清华时间简史:教育研究院》等图书。这是推进院系史研究的一种有效形式,也是深化校史研究的一个重要途径。经过认真调研和周密筹划,我们提出在全校启动实施"学科院系部门发展史编纂工程"。

这一工程得到学校的充分肯定和大力支持。由校史研究室组织协调,实施"学科院系部门发展史编纂工程",编写出版"清华时间简史"系列丛书,与档案馆牵头、校史馆参与的"清华史料和名人档案征集工程",一同被写入清华大学党委颁布的《关于进一步加强和改进新形势下宣传思想工作的实施意见》和学校文化建设等发展规划,2018年还被列为清华大学工作要点的重点工作之一。从2017年起,学校每年拨付专门经费进行资助。先后担任校党委书记的陈旭、邱勇和先后担任校党委副书记分管校史工作的邓卫、向波涛等领导,对这一工作给予了亲切关心和具体指导。

这一工程更是得到各院系、各部门的热烈响应和踊跃参与。2017年工程正式启动,就有40多个院系等单位首批申报。经研究决定,采取"同步启动、滚动支持、校系结合、协力推进"的方式逐步实施。校史编委会多次召开专家会议,对各院系的编纂工作进展情况和经费预算进行评审,校史研究室通过年度检查和专家讲座等加强组织协调和学术指导。许多院系党委书记、院长主任等亲自负责,很多老领导、老同志热情参与,各院系单位都明确了主笔和联络人,成立了编写工作组等,落实编纂任务。档案馆在档案史料查阅等方面提供了积极帮助,出版社对本丛书的编辑出版给予了全力支持。

在大家的共同努力下,"学科院系部门发展史编纂工程"取得初步成效。按计划,首辑"清华时间简史"系列丛书于110周年校庆之际出版发行。现在,丛书第二辑也陆续交付出版。丛书在翔实、系统地搜集和梳理历史资料的基础上,全面、生动地回顾和总结各院系、学科、部门的发展历程,全方位、多样化地展示了清华的育人成果和办学经验,不仅有助于了解各院系的历史传承,结合各学科专业特点开展优良传统教育,促进各学科院系的长远发展,而且对更好地编纂"清华大学史"有重要帮助,也可为教育工作者和历史工作者研究高等教育史、学科发展史等,提供鲜活、细化的资料。

习近平总书记指出:"重视历史、研究历史、借鉴历史,可以给人类带来很多了解昨天、把握今天、开创明天的智慧。"学科院系部门发展史的研究与编纂是一项浩大的学术工程,意义重大、任务艰巨,需要持之以恒、不懈努力。我们要进一步加强组织协调、抓紧落实推进,确保"清华时间简史"丛书分批次、高质量地出版,力争"学科院系部门发展史编纂工程"不断取得新的成果,为清华新百年的发展积累宝贵的历史资源、提供有益的历史借鉴,为建设世界一流大学作出独特的贡献。

范宝龙

2022 年 4 月

(作者系清华大学校史研究室原主任、研究员)

# 目 录

**第1章 初创时期的清华化学系(1926—1937)** ········· 1
  1.1 历史沿革 ········· 1
  1.2 师资队伍 ········· 5
  1.3 化学系系馆的兴建 ········· 8
  1.4 人才培养 ········· 12
    1.4.1 扩大招生 ········· 12
    1.4.2 严格的教学管理 ········· 12
    1.4.3 本科生的课程设置 ········· 13
    1.4.4 研究生培养 ········· 15
    1.4.5 多彩的文体活动 ········· 16
  1.5 早期科研 ········· 20
  1.6 爱国运动 ········· 23
  1.7 部分知名系友名录(1) ········· 26

**第2章 抗战时期的西南联合大学化学系(1937—1946)** ········· 40
  2.1 历史沿革 ········· 40
  2.2 师资队伍 ········· 43
  2.3 课程设置 ········· 46
  2.4 人才培养 ········· 51
    2.4.1 战时办学,困难重重 ········· 51
    2.4.2 校规校矩,有章可循 ········· 52
    2.4.3 教书育人,一丝不苟 ········· 53
    2.4.4 自强不息,艰苦奋斗 ········· 55
    2.4.5 人才辈出,流芳千古 ········· 57

| | | |
|---|---|---|
| 2.5 | 科研工作 | 58 |
| 2.6 | 部分知名系友名录(2) | 60 |

## 第3章 复员时期的清华化学系（1946—1948） 70

| | | |
|---|---|---|
| 3.1 | 复员工作步履维艰 | 71 |
| 3.2 | 复员时期的化学系简况 | 72 |
| | 3.2.1 师资队伍 | 72 |
| | 3.2.2 人才培养 | 74 |
| | 3.2.3 课程设置 | 76 |
| 3.3 | 爱国运动 | 77 |

## 第4章 新中国成立初期的清华化学系（1948—1952） 83

| | | |
|---|---|---|
| 4.1 | 迎接清华园的解放 | 83 |
| 4.2 | 师资队伍 | 87 |
| 4.3 | 人才培养 | 88 |
| 4.4 | 课程设置和教学改革 | 92 |
| 4.5 | 科研与生产 | 94 |
| 4.6 | 党政工团的各级组织及社会活动 | 97 |
| 4.7 | 院系调整 | 100 |
| 4.8 | 部分知名系友名录(3) | 102 |

## 第5章 清华化学与化工联合建系时期（1952—1985） 113

| | | |
|---|---|---|
| 5.1 | 概述 | 113 |
| 5.2 | 化学教研组对促进清华化学和化工学科发展功不可没 | 117 |
| | 5.2.1 开设四大化学课程,推动全校各相关学科的发展 | 117 |
| | 5.2.2 成为工程化学系和化学与化学工程系初建时的重要师资来源地 | 119 |
| | 5.2.3 科研工作开展有声有色 | 121 |
| 5.3 | 工程化学系的科研成果丰硕 | 122 |
| 5.4 | 工程化学系的教学改革大刀阔斧 | 126 |

  5.4.1 理工结合的课程设置 ………………………………… *126*
  5.4.2 教学与生产的密切结合 ………………………………… *129*
  5.4.3 学生毕业设计(论文)与科研的密切结合 ………… *131*
 5.5 "文革"十年,工程化学系历史的低谷 ………………… *132*
 5.6 "文革"结束后工程化学系重振雄风 …………………… *138*
  5.6.1 重组专业结构和领导班子,提高复原工作效率 … *139*
  5.6.2 加强师资队伍建设,促进教学和科研工作开展 … *139*
  5.6.3 大力开展群众性的体育锻炼活动,促进学生
    德、智、体全面发展 ……………………………… *140*
  5.6.4 创新思教工作新模式 ………………………… *142*
 5.7 化学与化工的学科建设比翼齐飞 ……………………… *145*
  5.7.1 化学与化学工程系的诞生 ………………………… *145*
  5.7.2 改革开放后第一份化学理科专业的课表 ………… *149*
  5.7.3 科研工作稳步向前推进 ………………………… *151*
 5.8 清华理科系和理学院的重建 …………………………… *153*

**附录** ……………………………………………………………… *155*

 附录1 曾在清华化学系工作或学习过的中国科学院学部委员(院士)
    和中国工程院院士 ……………………………………… *157*
 附录2 清华大学化学系历届系主任和系党委(总支)书记名单 … *178*
 附录3 清华化学系大事记(1909—1985) ………………………… *180*

**后记** ……………………………………………………………… *191*

# 第1章
# 初创时期的清华化学系(1926—1937)

## 1.1 历史沿革

清华化学系是1926年最先在清华园内设立的17个学系之一,而清华学校又是由清华学堂更名而来,因此,要全面深入地了解清华化学系,还要从清华学堂说起。

清华学堂是清华大学的前身,成立于1911年,是清政府用美国"退还"的部分超收"庚子赔款"建起来的,原为一所游(留)美预备学校。

要特别说明的是,这里所谓的"庚子赔款"必须要加上引号才符合历史事实。其原本的大致过程为:1900年,美国参与了"八国联军"对我国的侵略战争;1901年,帝国主义列强胁迫战败的清政府签订了丧权辱国的《辛丑条约》。按条约规定,中国向西方列强14个国家赔偿本金4.5亿两白银,分39年付清,年息4厘,届时本息合计的赔偿款数将达9.8亿两白银,历史上称此为庚子赔款。美国分得该赔款额度为白银3200多万两,约合当时2400多万美元。几年后,美国自认向中国索取了"原属过多"的赔款数额。后经中国驻美官员多方交涉,美国政府同意在已收取的赔款中,除去"实应赔偿"的款项,将多索取部分从1909年起"退还"中国,但要求中国政府将这笔退款用于派遣学生赴美留学[①]。由此可见,筹建清华学堂的经费根本不是美国"退还"的庚子赔款的一部分,而是美国从战争赔款中多索取份额的退还。因此,清华学堂的建立,不是美国政府大发慈悲的结果,至多反映了当时美国政府的某些官员比较诚实,敢于承认自己多索取了战争赔款的事实罢了。对此历史细节,不仅普通人常有

---

① 陈旭,贺美英,张再兴:《清华大学志(1911—2010)》第一卷,1页,北京:清华大学出版社,2018年。

误解,就连新中国成立后的清华校内刊物,也有将它弄错的时候①。

1909年7月,清政府在北平(京)设立游美学务处,负责选派留美学生和筹建游美肄业馆。同年9月,清政府将清华园拨给游美学务处,作为游美肄业馆馆址。12月开始圈筑围墙和建筑校门,如图1-1所示,并修缮工字厅和古月堂,而后开始兴建清华学堂(高等科教室,后改称一院)、礼堂(后改称同方部)、高等科宿舍(后改称二院)、中等科教室和宿舍(后改称三院)、校医院等建筑,于1911年建成。

图1-1 1909年建成的清华园大宫门(今二校门)

1911年4月,游美肄业馆改名为清华学堂,附属于游美学务处。清华学堂设正副监督三人,由学务处总办周自齐和会办范源濂、唐国安分别兼任。清华学堂共有学生468名,教师30多名。

该学堂参合中国及美国中学以上学程(课程)设置办法,分设高等和中等两科。高等科注重专门教育,以美国大学及专门学堂为标准,其学程以四学年计;中等科为高等科之预备,其学程也以四学年计。清华学堂学科分为十类:①哲学教育类;②本国文学类;③世界文学类;④美术音乐类;⑤史学政治类;⑥数学天文类;⑦物理化学类;⑧动植生理类;⑨地文地质类;⑩体育手工类。1909—1911年,游美学务处先后选派三批直接留美生共180人,其中包括梅贻琦、胡适、张子高、杨光弼等。

---

① 新清华编辑出版委员会:《清华大学1911—1961》,1页,1961年。

1912年,游美学务处被撤销,其所有职权划归清华学堂。同年10月,清华学堂更名为清华学校。清华学校首任校长是唐国安,学制为八年,仍分高等科和中等科,各四年。高等科毕业生全部公费资助赴美留学,通常进入美国大学二、三年级插班学习。清华学校开始对学生实施强制性的体育锻炼措施,规定每天下午四时至五时为全校统一的体育活动时间(春夏季则推迟半小时),届时将图书馆、教室、宿舍关闭,要求学生都要到操场上运动,体育教师负责巡视指导。

1914年11月5日,梁启超先生莅校作题为《君子》的演说,他引用《易经》上乾坤二卦辞:"天行健,君子以自强不息""地势坤,君子以厚德载物",鼓励清华学生"崇德修学,勉为真君子,异日出膺大任,足以挽既倒之狂澜,作中流之砥柱"。其后,"自强不息,厚德载物"八字成为校训,镌刻在清华学校和随后的国立清华大学校徽中,如图1-2和图1-3所示。

图1-2 清华学校校徽[①]　　　图1-3 国立清华大学校徽[②]

1916年7月,清华学校校长周诒春上书外交部(当时清华隶属民国外交部管辖),提出将清华逐年扩充至大学规模。筹办大学的申请很快获得批准。随后,周诒春、张煜全、曹云祥等历任校长都努力推进了一系列筹建大学的措施。

1918年10月,清华学校公布新的学业成绩计分法。教员在确定学生

---

① 《清华一览》,1927年。
② 《清华周刊》第24卷,第13-14期,1934年。

成绩时,分为超、上、中、下、末、不列共 6 等,平时以 60 分及格(60 分以下为末等),期末以 70 分及格(60~69 分为末等,60 分以下为不列)①。

1919 年,中国历史上著名的反帝爱国运动五四运动爆发,清华师生积极参与其中,最终迫使北洋政府拒绝在丧权辱国的凡尔赛和约上签字。图 1-4 所示为 5 月 9 日,愤怒的清华学生在西大操场焚烧日货的情境。

图 1-4　1919 年 5 月 9 日,清华学生焚烧日货

1919 年内,西区体育馆、图书馆(现老馆的一部分)、科学馆相继建成。体育馆内设游泳池、篮球场。从本年起体育列入正式课程,不及格者不能毕业。图书馆内藏有中外图书 45 000 余册。科学馆内设化学、物理、博物、生物等学科实验室和教室②。

1923 年 9 月 13 日,学校设置课程委员会审定课程与筹划学校教育方针,张彭春为主席。

1925 年 4 月 23 日,民国外交部批准清华学校筹备委员会提出的《清华大学工作及组织纲要(草案)》和《北京清华学校大学部暂行章程》(后文简称《暂行章程》)。从此清华学校分为大学部、留美预备部和国学研究院三部分。《暂行章程》规定设置校务委员会,其成员除校长、各科主任

---

① 清华大学校史研究室:《清华大学九十年》,20 页,北京:清华大学出版社,2001 年。
② 清华大学校史研究室:《清华大学九十年》,22 页,北京:清华大学出版社,2001 年。

外,由教授互推代表4人及校长选派教职员2人组成①。

1926年4月15日,校教职员工大会通过了《清华学校组织大纲》(后文简称《大纲》)。《大纲》规定:大学部的课程以系为单位设置,本科学生修业期至少四年,毕业后授予学士学位。此外,《大纲》还规定依据教授治校的原则,设置教授会和评议会。

同年4月19日,清华学校首次教授会选举梅贻琦为教务长,选举陈达、孟宪承、戴超、杨光弼等七人为评议员,与校长、教务长一起组成评议会。

同年4月28日,清华学校第二次评议会议召开,选举吴宓为评议会书记并决定设立17个学系,其中先行设立专修课程的11个系是国文系、西洋文学系、物理学系、化学系、生物学系、历史学系、政治学系、经济学系、教育心理学系、农业学系、工程学系;暂不设立专修课程的4个系是东方语言学系、数学系、社会学系、哲学系;仅设普通课程的2个系是体育军事学系和音乐学系。4月29日,在科学馆212室召开的第三次教授会议,选举产生了各系的系主任。化学系的首任系主任为杨光弼先生②。至此,化学系在清华园内正式诞生。

1928年8月,国民政府正式宣布将清华学校更名为国立清华大学,任命罗家伦为校长。1929年,最后一级旧制生毕业,留美预备部结束,国学研究院停办。1931年,梅贻琦任清华大学校长。至1948年年底,他连续执掌清华17年,带领全校师生员工,顽强地走在一条自主、自信、自强的办学道路上,对清华大学的建设和发展做出了重大贡献,是我国著名的教育家③。

## 1.2 师资队伍

清华前校长梅贻琦先生说得好:"所谓大学者,非谓有大楼之谓也,有大师之谓也。"④梅校长的大意是说,要办好大学不能只有大楼,更重要

---

① 清华大学校史研究室:《清华大学九十年》,34页,北京:清华大学出版社,2001年。
② 《清华周刊》第25卷,第378期,649页,1926年。
③ 陈旭,贺美英,张再兴:《清华大学志(1911—2010)》第一卷,2页,北京:清华大学出版社,2018年。
④ 清华大学校史研究室:《清华大学史料选编》第二卷(上册),219页,北京:清华大学出版社,1991年。

的是要有大师级的学问家。然而清华化学系刚成立时,小得有些出奇,注册学生十余名,教师仅有杨光弼、梁传铃、赵学海三人。他们都是原留美预备部的化学教员,显然不能完全满足创办大学部的需求。于是首任系主任杨光弼上任后,立即着手从国外引进人才,陆续有高崇熙、沈镇南等留美博士回国来化学系任教。1928年,清华学校正式更名为国立清华大学,首任校长罗家伦大刀阔斧推行改革政策,将原有清华学校所发的教授聘约一律废止,以国立清华大学名义另行招聘。此时,化学系原有教授大都辞职,杨光弼先生亦辞去系主任职务并离开清华,到北平研究院化学研究所长期从事研究工作,化学系主任由高崇熙教授担任(代理)。高先生上任后,继续推行前任的招贤政策,1929年,又有张子高、黄子卿、萨本铁等化学家来系任教授。连同继续留任的高崇熙、李运华(1930年到校)、张大煜(1929年毕业留校任助教,后留学德国,1933年获博士学位后应聘回清华)共有六位教授,至此,才构成了化学系的学术骨干队伍。图1-5是1933年上述六位教授参加在清华大学召开的中国化学会代表大会时同其他与会者的合影。从1929年8月起直到抗战爆发,化学系系主任都由张子高先生担任。这一时期的教员名单列于表1-1。

图1-5 中国化学会的会员合影(前排左2起:张大煜、萨本铁、高崇熙、张子高、李运华、黄子卿,1933年)

表1-1　清华化学系建系初期教员明细表

| 年份 | 1926[①] | 1928[②] | 1929[③] | 1932[④] | 1934[⑤] | 1936[⑥] |
|---|---|---|---|---|---|---|
| 系主任 | 杨光弼 | 杨光弼<br>高崇熙(代理) | 高崇熙(代理)<br>张子高 | 张子高 | 张子高 | 张子高 |
| 教授 | 杨光弼<br>高崇熙<br>梁传铃<br>赵学海 | 杨光弼<br>高崇熙<br>沈镇南<br>谢慧(惠) | 高崇熙<br>张子高<br>萨本铁<br>黄子卿 | 张子高<br>高崇熙<br>萨本铁<br>黄子卿<br>李运华 | 张子高<br>高崇熙<br>萨本铁<br>黄子卿<br>李运华 | 张子高<br>高崇熙<br>萨本铁<br>黄子卿<br>张大煜 |
| 讲师 | | | | 张大煜 | 张大煜 | 马绍援 |
| 教员 | | | (1人) | | | 张为申 |
| 助教 | 陈同度<br>薛　愚 | 马绍援 等 | 张大煜 等 | 雷兴翰<br>严仁荫<br>苏国祯<br>张为申<br>江世煕 | 雷兴翰<br>张为申<br>江世煕<br>范希孟<br>罗建业<br>陈光旭<br>孟广俊<br>高振衡 | 江世煕<br>罗建业<br>陈光旭<br>孟广俊<br>高振衡<br>张光世<br>陈　彬 |

张子高、高崇熙等六位元老教授们,不仅长期在师生员工中受到尊敬,还在当时的国内化学界享有盛誉,除源于他们杰出的学术造诣外,还与他们清正廉洁、严于律己的高尚品德密不可分。例如,1930年,张子高先生因多次推辞不下,临时兼任了中华教育文化基金会管理下属编译委员会的工作,其每月所得津贴,除酌情提取一百元作为车马费外,余全数上交学校。图1-6是当年《国立清华大学校刊》对此事的报导。

---

① 《清华一览》,1925—1926年。
② 《国立清华大学校刊》第一期,1928年。
③ 《清华副刊》第8期,1929年。
④ 《国立清华大学校刊》442号,1932年。
⑤ 《国立清华大学校刊》602号,1934年。
⑥ 《国立清华大学校刊》774号,1936年。

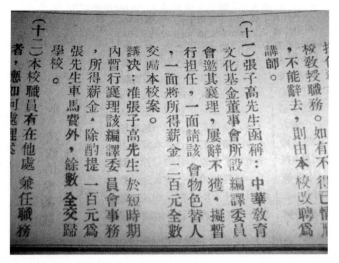

图1-6 《国立清华大学校刊》有关张子高先生校外兼职的报导(1930年)

## 1.3 化学系系馆的兴建

办好大学除必须配备高水平的师资外,合格、优良的物质条件,如足够的教室、实验室等基础设施也是必不可少的。尽管1916—1921年,清华学校已耗巨额资金,先后兴建了并称为"四大建筑"的图书馆(老馆东半部)、体育馆(前馆部分)、科学馆和大礼堂,校园架构初步成型,但到了1928年清华改为正规大学建制时,校舍的规模就显得捉襟见肘了。如科学馆这座总建筑面积约3550$m^2$的三层综合大楼,就其建筑体本身的质量及配置仪器设备的水平而言,在当时国内均属一流。但因理学院各系的实验室都云集此处,化学系和生物系的实验室就挤在该楼的三层。学生做实验的高峰时段,不仅人员过度拥挤,且因室内通风条件欠佳,楼道和实验室内的有害气体污染比较严重,让人难以忍受。有学生毫不客气地在《清华周刊》第十一次增刊上,以《科学馆的生活》为标题,将这种场景作了尖刻的描绘:"人一到科学馆三层楼上,马上就能闻到一股臭味,要么是硫化氢的臭蛋味,要么是盐酸、硫酸、硝酸、醋酸组合而成的尿粪味,要么是让人窒息、咳嗽不止的氯气或三氧化硫烟雾味"。因此,在1928年清华的大学教育正式启动后,不论从提高教学质量,还是从保护同学们的身心健康方面考虑,修建面积更大、标准更高的化学实验楼,都成了摆在校系领导面前刻不容缓的事情。于是在 1930 年 9 月初，化学系便向学校评议会提交了兴建高标准化学馆的提议（参见图 1-7）；9 月 19 日，第 35 次校务会议同意立案；9 月 26 日，提议在校评议会上获得通过（参见图 1-8）；10 月初，吴南轩校长随即签发了该议案。

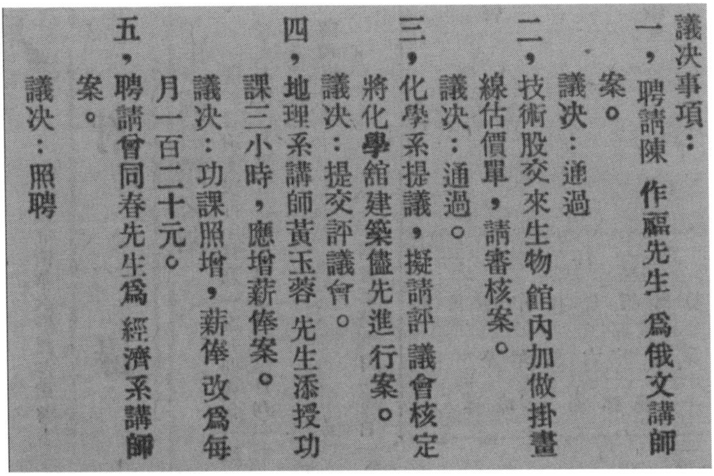
議決事項：
一，聘請陳 作龗先生 爲俄文講師案。
議決：通過
二，技術股交來生物館內加做掛畫線估價單，請審核案。
議決：通過。
三，化學系提議，擬請評議會核定將化學館建築儘先進行案。
議決：提交評議會。
四，地理系講師黃玉蓉 先生添授功課三小時，應增薪俸案。
議決：功課照增，薪俸改爲每月一百二十元。
五，聘請曾同春先生爲 經濟系講師案。
議決：照聘

图 1-7　化学系关于兴建化学馆的提议[①]

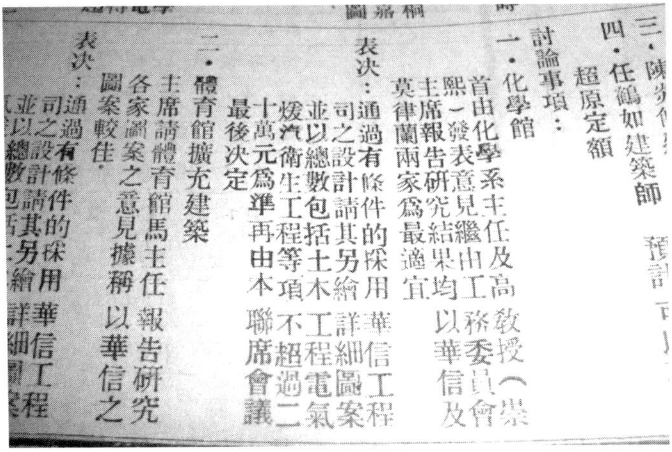
三、陳
四、任鴻如建築師 預計
超原定額
討論事項：
一、化學館
首由化學系主任及高教授（崇熙）發表意見繼由工務委員會主席報告研究結果均以華信及莫律蘭兩家爲最適宜
表決：通過有條件的採用華信工程司之設計請其另繪詳細圖案並以總數包括土木工程電氣暖汽衛生工程等項不超過二十萬元爲準再由本聯席會議最後決定
二、體育館擴充建築
主席請體育館馬主任報告研究各家圖案之意見據稱以華信之圖案較佳。
表決：通過有條件的採用華信工程司之設計請其另繪詳細圖案並以總數包括

图 1-8　校评议会通过兴建化学馆的提案(1930 年 9 月 26 日)

① 《国立清华大学校刊》204 号，1930 年。

经过约一年的准备,化学馆最终由天津的华信工程公司承建,于1931年10月动工,1932年12月建成,如图1-9所示。这座建筑面积五千余平方米的化学馆,在当时的国内高校化学教学楼中,规模堪称首屈一指。时任校长梅贻琦先生还专门为化学馆的落成题了词,如图1-10所示。

图1-9　1932年建成的化学馆(1933年张青莲拍摄)

图1-10　梅贻琦校长在化学馆基石上的题词(1932年)

这里要特别提及高崇熙先生对筹建化学馆所做出的贡献。他为此事倾注了全部心血,经常废寝忘食,从设计、施工到安装电气、上下水管、煤气管道及通风系统等,都亲自参加。他对工程质量认真进行监督、检查和验收,促使化学馆能高标准、高质量地建成。

当化学馆尚在施工时,系主任张子高先生就为它的分配和使用做出了详尽的规划:第一层为工业化学与物理化学实验室、锅炉房及储藏室;第二层为陈列室、图书馆、接待室、普通化学及定性分析实验室;第三层为大讲堂及无机化学、定量分析、电化学等课程的实验室;第四层则为有机化学、有机分析、生物化学等课程的实验室。至于各种小教室、备课室、办公室等则根据需要,分别设置在各层(参见图1-11)。化学馆落成后,基本上按此方案实施。

图1-11　化学馆的初步使用计划(1933年)

化学馆的建成,极大地改善了化学系的教学和科研条件,化学馆也成为了新中国建立前化学人才培养与科学研究的重要基地。冬去春来,化学馆从落成至今已迈过九十多年的历程,馆内的布局、室内装饰和设备经历了多次变化。但是,不管这些变化多大,除了抗战期间曾一度沦落为日军的伤兵医院外,它都始终不渝地为清华大学,特别是为清华化学系的振兴而默默地做贡献。此外,更值得提及的是,在"一二·九"爱国学生运动期间,它还曾作为学生领袖蒋南翔同志的临时藏身地和一些与运动相关的文件的起草、签字处。所以,化学馆不仅是一座著名的系馆大楼,而且是一座富含革命传统意义的重要历史建筑。

# 1.4 人才培养

## 1.4.1 扩大招生

随着师资队伍的稳步扩充和化学馆的建成,化学系的本科招生人数也逐年增长。与理学院的其他三个系相比,其招生人数和办学规模都是领先的,详见表1-2列出的理学院各系1926—1933年度的注册学生人数。

表1-2 清华理学院各系初创时期的注册学生数[①]

| 年　度 | 化学系 | 物理系 | 生物系 | 数学系 |
|---|---|---|---|---|
| 1926—1927 | 13 | 5 | 3 | |
| 1927—1928 | 25 | 9 | 1 | |
| 1928—1929 | 51 | 17 | 6 | 7 |
| 1929—1930 | 46 | 20 | 13 | 7 |
| 1930—1931 | 50 | 27 | 21 | 10 |
| 1931—1932 | 71 | 40 | 28 | 20 |
| 1932—1933 | 93 | 63 | 33 | 23 |

## 1.4.2 严格的教学管理

对于本科生的培养,学校制定了一整套非常详尽的条例,即《本科生教务通则》。它对学生的入学及转学、注册及选课、学分及成绩、缺课及请假、休学及退学、毕业及学位等均有明确规定。作为系史的本书在此不作一一罗列,仅举一例来说明这些制度的严谨。如学生入学后的转学问题。入学时通常先由学生自选一个系作为主系,若中途欲转入他系,须于学年开始时说明理由,经相关系主任及教务长核准方为有效。学生转入某系后,应由该系系主任按照本系规定的课程,重新审核其原有学分并决定其插入的年级。转系学生第一年不得再次请求转系。凡转入二年级者,必须至少在本大学修业三年,修满99学分;转入三年级者,必须至少在本大学修业二年,修满66学分,方能毕业……[②]。这样的规定,既满足了学生

---

[①] 《清华副刊》39卷,7期,1933年。
[②] 清华大学校史研究室:《清华大学史料选编》第二卷(上),166页,北京:清华大学出版社,1990年。

自由发展的需求,又体现了依法治校的原则。

### 1.4.3 本科生的课程设置

化学系在初创阶段,本科四年的课程设置基本仿照美国著名大学的模式,将课程分为必修和选修两大类,其中由外系开设的数学、物理、外语及人文课程所占比重(就学分而言)与由本系开设的必修课程大体相当。本科生必修的本系课程,一年级为普通化学及定性分析,二年级为定量分析,三年级为物理化学及有机化学,四年级为工业化学、化学史及有机分析。本系开设的选修课程稍偏重于纯粹化学(pure chemistry),如高等无机化学、高等无机分析、高等有机化学、有机反应、生物化学、热力学、溶液(理)论、电化学、胶质(体)化学等。表1-3列出了清华化学系初创时期的分年课程表。

表1-3 化学系建系初期的分年课程表之一(1929年)[①]

| 第一年 | 卅六或卅八学分 |
|---|---|
| 国文 | 六学分 |
| 第一年英文 | 六学分 |
| 普通化学及定性分析 | 八至十学分 |
| 数学 | 八学分 |
| 德文 | 八学分 |
| 第二年 | 卅八学分 |
| 定量分析 | 十学分 |
| 普通物理 | 八学分 |
| 微积分 | 六学分 |
| 德文 | 八学分 |
| 社会科学 | 六学分 |
| 第三年 | 卅七学分 |
| 普通有机化学 | 十二学分 |
| 物理化学 | 六学分 |
| 物理化学实验 | 三学分 |
| 选习(修) | 十六学分 |
| 第四年 | 廿六学分 |
| 有机分析 | 三学分 |
| 工业化学 | 四学分 |
| 化学史 | 一学分 |
| 化学问题研究 | 三学分 |
| 物理化学实验 | 三学分 |
| 选习(修) | 十二学分 |

---

① 李森:《民国时期高等教育史料汇编》第2卷,309页,2014年。

所有课程都由教授主讲。不论是理论课还是实验课,均采用中、英文双语教学方式。绝大部分的教材或参考书都是英文原版著作,如张子高教授主讲的定性分析(甲)和化学史,分别使用的教材就是 A. A. Noyes 编写的 *Qualitative Chemical Analysis* 和 Moore 编写的 *History of Chemistry*。如无合适的原版书可选用,也可采用主讲教授自编的讲义。如张大煜老师讲授的化学德文,就曾使用自编讲义。

化学系自初创时起就十分重视教学实验,在开设的二十多门化学课程中,仅化学史一门没有实验。课堂讲授与实验的学时比例大体上是每周讲授一到两小时,即有实验课一次(以三小时为标准)。定量分析每周讲课两小时,便上实验课三次;有机定性分析每周讲课一小时,即有实验课两次(七小时)。在实验中,教师很重视学生实验基本技能方面的训练。大一的普通化学及定性分析课程在每年第一次实验时,教师都会把实验的基本操作方法向学生作系统的介绍。其他一些实验课在进行前,教师也大都会讲解一下这次实验的内容与方法。实验过程中有的主讲教师亲自指导学生,有的让助教指导。学生在实验中所得结果,要用英文写出实验报告。实验报告不但要求学生当场交卷,且要求书写整洁。不交卷者不予评分,不够整洁或有错误者则退回重做,且在考试时扣分。由于对实验基本技能的严格训练,在培养学生严格认真的科学态度方面取得了较好的效果。图1-12 为1936 级蔡孔耀、朱树恭正在做化学实验时的留影。

图1-12　1936级蔡孔耀(左)和朱树恭(右)学长正在做化学实验(1932年)

为了满足教学和科学研究的需要,化学系在创办之初就十分重视实验设备和图书、期刊的添置。从当时国内的水平来说,各实验室的仪器设备是比较齐全的,估计约值当时的币值十万余元。除一般用的普通实验仪器外,还有一些供专门研究用的精密仪器,如皮尔福折射仪、可图式电位计、吸干器等。1935年又购置了一台显微镜供研究胶体化学。这些仪器大都从美国或德国购置,在当时属先进水平。在图书资料方面,除一般的化学图书外,还订阅杂志期刊40余种,若以国别分,英、美、德、荷、日、瑞士及印度等国的化学杂志均有一种或数种不等。

在本科生培养的后期,还有一个"化学问题研究"环节,即通常所说的毕业论文阶段。这个阶段一般从四年级第一学期着手,在毕业前必须完成论文一篇,这也是训练学生综合能力的重要教学环节。

### 1.4.4 研究生培养

学校从1931年起设立化学研究所,1933年改称国立清华大学理科研究所化学部并开始招收研究生,学制两年。研究生除跟随导师开展专题研究外,须修满总计24学分的选修课程。在征得本部主任(系主任兼此职)的同意后,也可选学其他系的课程,但所选他系课程学分总计不得超过总学分之半。凡入学后一年所选各学科之成绩均达75分以上时,经所在部的推荐,可获每年320元(当年币值)的清华研究(生)院奖学金。在学生完成毕业论文之前,须对学生进行毕业初试,初试采用口试,考试范围由各部(系)决定。口试成绩以百分法计算,满70分为及格,若不及格而在60分以上者,需请求补考。学生毕业论文须先经指导老师认可,再由论文考试委员会举行口试。论文成绩亦以百分法计算,以满70分为及格。凡在清华研究(生)院学满两年,其历年学科平均成绩、毕业论文及毕业初试皆及格者,可获得毕业证书及硕士学位。若毕业生的上述各项成绩均在80分以上者,经所在部(系)的推荐,可被择优派遣公费留学①。

化学本部各教授的学科指导范围是:高崇熙先生为高等无机化学和有机反应及实验;萨本铁先生为高等有机化学;黄子卿先生为统计力学、热力学和溶液(理)论;张大煜先生为胶质(体)化学和电化学。

1931—1937年,化学部共招研究生三届,总计11人。1934年毕业的张青莲、马祖圣二人都因成绩优异获得公费出国留学的机会。另有五名研究生入学后,因考取公费出国留学或改作助教或到他校任教而中途离开。到1937年,仍在化学部(系)的研究生仅有周家仁、林风、张明哲、汪德熙四人。虽然化学系在初创阶段培养的研究生人数不算多,但他们随后大都成为对社会有突出贡献的佼佼者。表1-4列出了化学系初创阶段的几位研究生简况。

**表1-4　化学系初创阶段的研究生简况①**

| 研究生 | 指导教授 | 论文题目或研究领域 |
| --- | --- | --- |
| 张青莲 | 高崇熙 | The Detection of Rhenium in Noyes & Bray's System of Qualitative Analysis. |
| 马祖圣 | 萨本铁 | 定性有机分析中的试剂研究 |
| 周家仁 | 萨本铁 | 结构与生物碱、激素的相关物质的合成 |
| 林　风 | 黄子卿 | 根据Debye-Falkenhagen理论研究强电质的黏度 |
| 张明哲 | 高崇熙 | 尝试合成具有甾醇和激素结构的化合物 |
| 汪德熙 | 张大煜 | 对桑叶、芦苇、高粱和玉米秆的化学组分全分析,以洞察其用来生产高质量碱性纸浆的可能性。分析某些种植在中国北方的大戟属植物的橡胶含量 |

### 1.4.5　多彩的文体活动

重视体育锻炼是清华优良的历史传统。早期的清华大学,球类活动受到许多同学的喜爱。尤其是篮球,清华男生代表队在华北地区可谓"打遍天下无敌手"。而在清华园内,有一段时期又以化学系和经济系两支男

---

① 清华大学校史研究室:《清华大学史料选编》第二卷(下),564页,北京:清华大学出版社,1990年。

① 《清华大学一览》,1937年。

# 第1章 初创时期的清华化学系(1926—1937)

子篮球队的势力最强,并处于势均力敌的状态。一旦有两队的比赛时,不仅两系众多的同学会前去捧场喝彩,就连系主任高崇熙教授也要亲临操场助威。当然,化学系平时也很重视体育运动的普及工作,常组织班际间的篮球赛等诸多体育比赛,并由系里的教授们捐赠一个银杯,获胜班级可保有一年。图 1-13、图 1-14 分别示出了校刊关于化学系开展系内外篮球赛的文字报导。

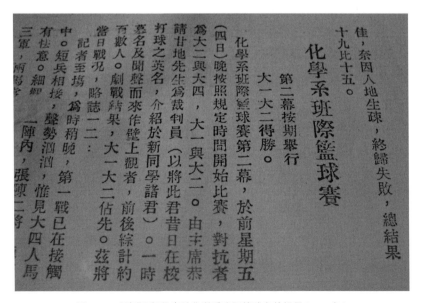

图 1-13 《国立清华大学校刊》关于化学系与经济系开展篮球赛的报导(1928 年)

图 1-14 《清华副刊》有关化学系班际篮球赛的报导(1932 年)

除了体育运动的蓬勃开展，化学系课外同学会(系友会)的活动也十分活跃。这对增强师生间的情感和促进同学间的友谊大为有利。比如，1929 年 1 月 2 日，在后工字厅召开了一次化学系同学会全体大会，教职员及同学到会者共 40 余人。会议先由主持人报告半年来的会务活动情况，随后请张天涛同学(化学系篮球队主力队员之一)详述化学系男篮战胜经济系男篮的经过，全体与会者鼓掌表示祝贺。本次同学会最后进入猜谜活动，所有谜底都与化合物名或到会的人名有关。如"猪头三"(化合物名)应猜为 phosphine，因其分子式为 $PH_3$，"P"和"H"分别是 pig(猪)及 head(头)的首字母；"唐明皇当裤子"(人名)应猜为李家光(会场内的一同学名)，因唐朝皇帝姓李，只有李家穷得精光才会去当裤子……诸如此类，不胜枚举。最妙者为系主任高崇熙先生被罚，次日请全体与会者吃茶点。图 1-15 为《清华周刊》对化学系首次同学会开会情况的报导。

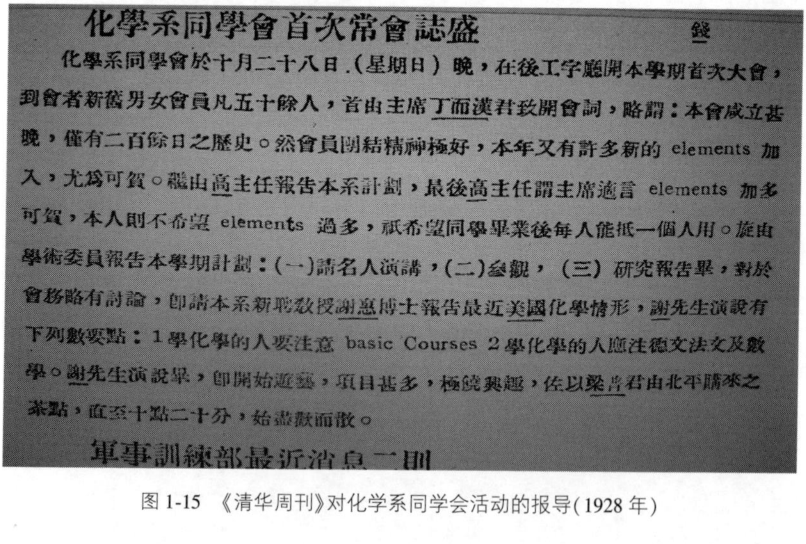

化學系同學會首次常會誌盛 錢

化學系同學會於十月二十八日.(星期日)晚，在後工字廳開本學期首次大會，到會者新舊男女會員凡五十餘人，首由主席丁而漢君致開會詞，略謂：本會成立甚晚，僅有二百餘日之歷史。然會員團結精神極好，本年又有許多新的 elements 加入，尤為可賀。繼由高主任報告本系計劃，最後高主任謂主席適言 elements 加多可賀，本人則不希望 elements 過多，祇希望同學畢業後每人能抵一個人用。旋由學術委員報告本學期計劃：(一)請名人演講，(二)參觀，(三)研究報告畢，對於會務略有討論，卽請本系新聘敎授謝惠博士報告最近美國化學情形，謝先生演說有下列數要點：1學化學的人要注意 basic Courses 2學化學的人應注德文法文及數學。謝先生演說畢，卽開始遊藝，項目甚多，極饒興趣，佐以梁君由北平購來之茶點，直至十點二十分，始盡歡而散。

軍事訓練部最近消息一則

图 1-15 《清华周刊》对化学系同学会活动的报导(1928 年)

此外，化学系同学会还不时组织旅游或在老师带领下去工厂参观的活动，更是大大地丰富了同学们的课余生活。图 1-16~图 1-19 所示为这类活动的照片。

第1章 初创时期的清华化学系(1926—1937)

图1-16 1935年化学系同学到西山春游合影,有冯新德、王世真、肖伦参加(照片由肖伦提供)

图1-17 1935年张大煜(前排左2)先生带领工业化学班同学参观石景山电厂(照片由朱树恭提供)

图 1-18　1936 年,清华第十级化学班同学游颐和园留影(前排左 1 为朱亚杰)

图 1-19　1936 年清华理学院部分毕业同学合影(前排右 1 于光远,右 2 何泽慧,右 3 齐季庄,右 5 王大珩,后排左 1 钱三强)

## 1.5　早期科研

化学系自 1930 年起,逐步开展化学科学的专题研究,其课题大都是根据教师的专长与兴趣来选定的,研究的题目多数是教师过去在国外所进行工作的延续,并与各自所授课程相关联。研究题目确定后,有的研究由教师单独进行,有的由几位教师合作,有的与学生合作进行,大都取得了显著成果。

在有机化学方面,化学系侧重于合成方法的研究。高崇熙利用中国原料制造纯净的有机药品,如利用大麻子油研制高级脂肪族化合物;萨本铁则研究各种酯的合成。此外,萨本铁关于鉴定各类有机化合物试剂的合成研究还促进了有机分析的发展。高崇熙、萨本铁等人先后在国内外发表了《乙酮戊酸及其酯》《从中国大麻子油制备辛醇-2 和甲基乙基酮》《氨基脲之研究Ⅵ:苯基氨基脲作为醛及酮的鉴定剂》《酚之研究Ⅱ:阿司匹林酯》等数十篇论文,其中发表在《中国化学会会志》上的有 39 篇,萨本铁个人或与别人合作的有 30 篇。

在无机化学方面,化学系侧重于稀有元素的研究。当时国内无机化学专业的研究工作甚为薄弱,清华化学系所发表的研究成果在数量上和水平上都居于前列,其中以《用过热水蒸汽活化木炭Ⅰ:活化温度与时间》(张大煜)、《二价金属碘盐与苯胺的络合物》(高崇熙)等论文较为重要。在无机分析方面,高崇熙等在铼的定性分析研究中,找到了它在诺埃斯·布雷(Noyes-Bray)系统中的位置,是重要的研究成果。

在物理化学方面,化学系则侧重于热力学及溶液理论的研究。黄子卿等关于热力学的研究及等张比容(parachor)的测定成绩比较突出。先后在国内外发表了《气体之能及熵的普遍方程式》《二氧化碳的焦尔汤姆生系数》《非理想气体之热力学特性:温度与压力的函数》等十多篇论文。

在工业化学方面,化学系侧重于染料及有色烟幕的制备。先后发表了《吸收毒气的木炭用氯化锌法之制备及其试验》《制备各种从浅黄到深蓝色的硫化染料》《由合成染料制备有色烟幕》等七八篇论文。李运华等对活性炭及有色烟幕的研究较有成绩,活性炭的研究是为配合机械系教师制造防毒面具的需求进行的。

在生物化学和营养化学方面,以萨本铁及其合作者对中国食品所含维生素 C 的测定及对于中国柑类果实的研究为主。他们先后发表了《中国柑果的研究Ⅰ:福桔皮中的维生素 A、B、C》《维生素 C 合成法的实验证明》《中国柑果的研究Ⅶ:福桔及招柑之精油的离析》等约十五篇论文。

这一时期化学系的学术论文,在国内多发表在清华大学理学院出版的《国立清华大学理科报告》(第一种)和《清华学报》上,在《中国化学会会志》和《中国生理杂志》及某些国外杂志(如《美国化学会志》《英国化学会志》《德国物理杂志》等)上也有发表。这一时期《国立清华大学理科报告》(第一种)共出三卷十八期,共发表论文125篇,其中化学系论文55篇,占总篇数的44%。1933—1936年,《中国化学会会志》共发表论文203篇,有清华化学系教师署名的论文57篇,占总篇数的28%。表1-5列举出了几篇有代表性的论文的发表情况①。

**表1-5　清华化学系建系初期的科研论文(题目)选编**

| 作　者 | 论文题目 | 发表刊物 | 发表时间 |
| --- | --- | --- | --- |
| 高崇熙等[②] | The Preparation of Benzamide | 《美国化学会志》(Journal of the American Chemical Society, JACS) | 1930年 |
| | Synthesis from Castol Oil | 《国立清华大学理科报告》 | 1931年 |
| | Simple Constants of the Higher Aliphatic Alcohols | | 1932年 |
| | The Detection of Rhenium | 《中国化学会会志》 | 1934年 |
| 黄子卿等 | General Equations of Energy and Entropy of Gases[③] | Physics Review | 1931年 |
| | The Thermodynamic Properties of Real Gases as Explicit Functions of the Pressure and Temperature | 《国立清华大学理科报告》 | 1933年 |
| | The Parachor of Alkyl Benzyl Ethers | | 1934年 |
| 张大煜等 | Electrolytic Preparation of Semicarbazide Hydrochloride | | 1933年 |
| 萨本铁等 | 饥渴与缺少乙种维他命症之比较 | 《清华学报》 | 1930年 |
| | 果糖酸及其酯类 | | |
| | Studies on Phenolic Acids Ⅲ.: Esters of Aspirin | 《国立清华大学理科报告》 | 1933年 |
| | Nitration of Benzotrichloride | | |

创业初期的化学系,不仅自身努力做好科研工作,也主动与国际同行开展学术交流。其主要交流渠道有:①通过在国内外的学术期刊(多为英文刊物)上大量发表科研论文,增进同行间的相互沟通。如上所述,在

---

①　清华大学化学系九十周年系庆筹备小组:《清华大学化学系九十周年纪念册》,63页,2016年。
②　引自《清华档案馆资料》。
③　引自《清华档案馆资料》。

这方面清华化学系是做得很不错的。②邀请国外专家、教授来系访问或讲学,促进学术交流。比如,在20世纪30年代初,先后有法国化学家朗之万(Paul Langevin)、美国物理化学家、1932年诺贝尔化学奖得主兰茂尔(Irving Langmuir)访问清华大学①。③派遣学生出国留学或教师出国做访问学者,不断提升国内的科研水平。

应当说,尽管清华化学系从成立到1937年抗战全面爆发,建系不过十年左右的时间,但其学术水平在国内高校化学系中处于前列,并深受国外同行的称赞和尊重。1934年,时任美国化学会会长、伊利诺伊大学(University of Illinois)化学系主任的亚当士(Roger Adams)教授曾对德国同行说,他对清华化学系发展之速非常钦佩,清华化学系可与任何国家之好的化学系颉颃(抗衡)②。事实也确实如此,比如萨本铁教授在1937年获得德国自然科学研究院院士头衔,用以嘉奖他在有机化学及生物化学领域所取得的优异成绩;他在美国期间,也曾获得美国药剂师协会的艾伯特奖(Ebert Prize)③。

## 1.6 爱国运动

在1931年侵占我国东北地区之后,日本又逐步把其魔爪伸向华北,鼓动华北五省(河北、山东、山西、察哈尔、绥远)从政治、经济上完全独立,妄图将这些省份从中国分离出去。政治嗅觉敏锐的青年学生,为了阻止国民党政府继续出卖国土,在中国共产党地下组织的领导下,于1935年12月9日在北平(京)发起了声势浩大的游行示威活动,也就是著名的"一二•九"运动。示威活动虽遭到反动军警的疯狂镇压,但获得了国内外同胞的声援,激发了广大民众的爱国热情,促使轰轰烈烈的抗日救亡运动从此蓬蓬勃勃地开展起来。

在"一二•九"运动期间,清华地下党的总负责人是蒋南翔(1932年入学,中国文学系本科生),学生运动的其他领导者还包括姚依林(1934年入学,化学系本科生,时任北平学联秘书长)、杨述(时任《清华

---

① 《清华大学史料选编》第二卷(上),48页,1990年。
② 《国立清华大学校刊》,554号,1934年。
③ 尉志武、李兆陇:《清华化学历史人物》,40页,北京:清华大学出版社,2011年。

周刊》《北平学生》两刊物的编辑)、黄诚(时任清华大学救国会主席)、郭明秋(时任北大中学生抗日救国联合会主席)、吴承明(1934年入学,化学系本科生,时任中华民族解放先锋队清华大队队长)等人。整个"一二·九"运动持续了几个月的时间,除了1935年12月9日和12月16日全市规模的游行示威活动外,斗争更为激烈的活动就要数发生在清华校园内的"二·二九"事件了。对于该事件,蒋南翔作了如下的描述:"一九三六年二月二十九日出动五千军队包围清华大学的事件,是'一二·九'运动中规模最大、斗争最激烈的逮捕与反逮捕的斗争。在此以前,先在女生宿舍发现了告密名单,开列了若干位进步女同学的名单和房间号码,并画出床位。此事公开揭露后,全校大哗,要求校长梅贻琦保障同学人身安全。过不多久,警察保安队果然闯进清华园捕人,立即引起同学们的义愤。所以揭发告密信的事件,客观上给全校同学作了反迫害反逮捕的思想准备。在开始考试的第一天,五百多名宪兵、警察、保安队突然对清华园实行拂晓袭击,侵入校园搜捕共产党员。我被首先逮捕。先是关押在工字厅,俄顷,听到从大操场传来阵阵口号声,看押者相互告警:'激起公愤了!'立即把我押到清华西校门警卫室,绑在床头木框架上。不一会儿,八级土木系同学方左英被反绑着手推进来了,他是民先队纠察队长,在大操场吹哨子号召同学集合而被抓的。接着姚依林被推了进来,他是赶回学校准备参加考试而被拘留的。当时有好几百同学一面喊着口号,一面跑步冲到西校门。我看到先是吴承明一脚踢开警卫室的门,几个看守的宪警起来端枪威胁,一看到大群学生蜂拥上前,势不可当,就拖着枪出门溜走。这时杨学诚、丁则良等都冲了上来,陆璀急忙掏出身上的小刀帮助割断捆绑我的绳索,还有许多同学赶到西校门外,把停在那里等候装载被捕同学的好几辆卡车当场砸烂。好几百名宪、警、保安队一无所获,灰溜溜地被驱逐出学校。他们造谣说:数百名共产党在清华园暴动!晚上,宋哲元正式出动三千军队,武装包围清华大学。由于当天下午,清华党支部已事先作了部署,在学校比较引起注意、有可能上黑名单的校内主要领导骨干已预先分别躲开。记得黄诚和姚依林等躲到冯友兰教授家,韦毓梅、韦君宜、王作民等女同学躲到朱自清教授家,还有些同学躲到闻一多教授家,我自己得到清华二院食堂几位工友的同情和掩护,得以躲过反动派的魔爪。清华绝大多数同学,那天晚上也都离开寝室,集中在体育馆篮球场。全校熄灯,没有灯光,宪警人员摸黑进行搜捕,走遍各座宿舍,都是人去楼空,杳无人影。直到天色将明,摸到体育馆,才发现大批学生,就在那里胡乱抓了二十多位同学。但是反动派想抓的人却一个也未抓到。无辜被捕的爱国同学,都因而受到教育,促进了他们政治上的进步①。"

清华化学系的同学,除了姚依林、吴承明两位是"一二·九"爱国学生运动的组织者,屡遭军警抓捕、非法审讯,甚至受到被开除学籍的迫害外,其他积极投身于运动的人还有很多。如林风,1935年考取了化学系黄子卿教授的硕士研究生;知名校友钱伟长(时为物理系吴有训教授指导的硕士生)虽然主攻物理学科,但也选修了多门化学课程,因而经常与林风一起,既切磋自然科学问题,又志同道合地参加爱国学生运动。他们都是共产党地下外围组织"中华民族解放先锋队"(简称"民先队")的成员。关于这段历史,二位长者都有类似的回忆:清华大学学生会决定联合北平各校游行的动议是在化学馆内起草的,钱伟长和林风都在场,也签了名。两位是清华大学一百多名研究生中唯一有记录的两位积极参加"一二·九"学生运动的人②③。另外,刘康、武迟、黄新民等化学系老校友在"一二·九"运动中亦表现突出。刘康也是"民先队"队员,还参加过抗议军警将高中学生郭清迫害致死的抬棺游行。武迟在"一·二九"清华体育馆的反逮捕斗争中,由于被怀疑是运动组织者而被军警抓起来审问。而黄新民早早就参加了共产党领导下的进步学生组织——"实用科学研究会"的国防化学组的活动。最后还应肯定的是,陈冠荣、誉文德等校友,不顾军警的前追后堵,积极投身到南下宣传队伍中,有效地扩大了"一二·九"运动的影响力。图1-20为领导"一二·九"运动的清华部分校友。

---

① 清华大学校史研究室:《清华革命先驱》(下),778页,北京:清华大学出版社,2004年。
② 钱伟长:《八十自述》,深圳,海天出版社,1998年。
③ 尉志武,李兆陇:《清华化学历史人物》,89页,北京:清华大学出版社,2011年。

图 1-20　领导"一二·九"运动的清华校友

（前排中蒋南翔，后排左 1 吴承明，左 2 姚依林）

## 1.7　部分知名系友名录(1)[1][2]

　　**杨光弼**（1889—1949），天津人。1911 年成为清华学堂第三批直接留美生，1923 年获美国威斯康星大学硕士学位。1926 年清华化学系成立时担任首任系主任，兼任校建筑委员会主席、"清华科学社"名誉社长等职，为筹建清华大学，尤其是创办化学系做出了重要贡献。

---

[1]　尉志武，李兆陇：《清华化学历史人物》，北京：清华大学出版社，2011 年。
[2]　清华大学校史研究室：《清华革命先驱》（上），北京：清华大学出版社，2004 年。

**侯德榜**（1890—1974），福建闽侯人。1912年毕业于清华学校，1913年8月赴美留学，1921年获美国哥伦比亚大学博士学位。他发明的侯氏制碱新工艺获国内外多项大奖，是中国化学工业的先驱、具有杰出贡献的化学工程学家。1955年选聘为中国科学院学部委员（院士）。曾任化学工业部副部长等职。

**邱宗岳**（1890—1975），浙江诸暨人。1911年在清华学堂留美预备班学习，1920年获美国克拉克大学博士学位。回国后长期从事高等教育工作，曾先后担任厦门大学教授兼化学系主任、国立西南联合大学教授、南开大学教授兼化学系主任等职，资深化学家和化学教育家。

**庄长恭**（1894—1962），福建泉州人。1919年清华津贴留美生，1924年获美国芝加哥大学博士学位。著名化学家、化学教育家，第一、第二届全国人民代表大会代表。曾任（中国）台湾大学校长，中国科学院有机化学研究所所长。1955年选聘为中国科学院学部委员（院士）。

**薛愚**（1894—1988），湖北襄阳人。1925年毕业于齐鲁大学化学系，后到清华化学系执教，1930年获公费资助赴法国留学，1933年取得巴黎大学药学院博士学位。药物化学家。曾任中国药学会理事长、全国政协委员等职。

**李运华**（1900—1971），广西贵县人。1921年毕业于清华学校，1927年获美国哥伦比亚大学博士学位。1930年任清华大学化学系教授。1932年中国化学会成立的发起人之一。曾任第一届和第二届中国化学会理事、广西大学校长，中国知名教育家。

**萨本铁**（1900—1987），福建福州人。1912—1920年在清华学校就读，毕业后赴美，1926年获威斯康星大学化学博士学位。1928年回国后长期在清华大学化学系任教并从事有机化学领域的科研工作。著名有机化学家，曾被授予德国自然科学研究院院士的荣誉称号，是20世纪前期为数不多的享有国际声誉的中国科学家之一。

## 第1章 初创时期的清华化学系(1926—1937)

**马绍援**(1902—2003),浙江杭州人。1928年进入清华大学化学系任助教,在高崇熙、萨本铁等先生指导下从事化学课程助教和科研工作,共同发表多篇论文。1933年出版专著《电化学工业》。抗战时期在内地多处军工企业工作,1949年去台湾高雄私企任职,但故土情深。

**雷兴翰**(1904—1989),湖南麻阳人(苗族)。1926年考入清华学校化学系,1930年毕业后留校任教,1935年赴美国留学并取得威斯康星大学药物化学博士学位。著名药物学家,曾任上海药品一厂厂长兼总工程师。他研究的用呋喃类药物代替锑剂(含对人体内脏有严重伤害的重金属锑)来治疗血吸虫病的科研成果获1965年国家创造发明一等奖。1986年被认为对上海市消灭血吸虫病做出了重要贡献,记大功一次。

**袁翰青**(1905—1994),江苏南通人。1925年考入清华学校大学部,1929年毕业于化学系,后赴美深造,1932年获伊利诺伊大学博士学位。长期从事科普读物的编译和出版工作。曾任文化部科学普及局局长、中国科学技术研究所研究员及代理所长等职。1955年选聘为中国科学院学部委员(院士)。

**陈光旭**（1905—1987），河南淅川人。1928年考入清华大学化学系，1933年毕业后留校任教，1942年离开西南联大出国深造，1945年获美国伊利诺伊大学博士学位。长期从事有机化学方面的科研和教学工作。曾任中国化学会化学教育委员会主任委员、国际纯粹与应用化学联合会化学教育委员会中国代表、中国化学会常务理事等职。

**张大煜**（1906—1989），江苏江阴人。1925年考入清华学校大学部，1929年从化学系毕业后赴德国留学，1933年获德累斯顿大学博士学位，回国后长期在清华大学和中国科学院大连化学物理研究所工作。著名物理化学家，中国催化科学的奠基人之一，中国科学院大连化学物理研究所创始人。1955年选聘为中国科学院学部委员（院士）。

**葛春霖**（林）（1907—1994），江苏溧阳县人。1929年从清华大学化学系毕业后，任清华附设新农校教导主任。1931年春赴安徽太和县从事地下工作，任县立师范学校教员兼太和县地下党县委委员。1934年起，历任河南大学、山东大学讲师，西北工学院教授等职。1949年后陆续担任青岛化工厂厂长和轻工业部科学研究司副司长等职。

**钱思亮**(1908—1983),浙江杭州人。1927年考入清华学校化学系,1931年获理学士学位,随后留学美国,1934年获伊利诺伊大学博士学位。1937—1940年任长沙临时大学和国立西南联合大学教授。我国知名化学家、教育家,曾任北京大学化学系主任、国立台湾大学校长等职。

**徐子佩**(1908—2003),安徽太和县人。1926—1930年在清华大学化学系就读,毕业后留校工作,1930年10月—1931年2月任中共清华大学党支部书记。1931年离开清华后,曾在青岛女中、济南师范学院任教。1949年后历任河南省教育厅办公室主任,中国科学院河南分院副院长,河南省科协主席、党组书记等职。

**苏国桢**(1908—1996),祖籍福建。1927年考入清华学校化学系,1931年获理学士学位,随后赴美留学,1937年获麻省理工学院博士学位。回国后在国立西南联合大学任教多年。1947年起长期在美国和英国大学任教授,1974年退休后到新竹清华大学做访问学者。物理化学家。

31

**张为申**（1909—1966），江苏吴县人。1927年进入清华学校化学系学习，1932年毕业后任清华大学和国立西南联合大学助教、讲师，随后赴美留学，1950年获威斯康星大学博士学位。我国抗生素研究和生产创始人，中国医学科学院抗生素研究所第一任所长。著名药物学家。

**王汉臣**（1909—2011），天津人。1934年到清华大学工作，担任梅贻琦校长的私人管家多年，从1948年起转做化学馆的门卫值班工作，直至1993年退休。王师傅数十年工作一丝不苟、兢兢业业、不图名利。曾多次获得校系先进工作者、模范共产党员、北京市劳动模范等荣誉称号，是特别受全系师生员工敬重的长辈。

**孙德和**（1911—1981），安徽桐城县人。1930年考入清华大学化学系，1934年毕业后陆续在国内外进修，1943年获德国亚琛工业大学工学博士学位。1946年回国后，主要从事钢铁冶金方面的工艺研究和设备设计工作。我国知名冶金学家。1955年选聘为中国科学院学部委员（院士）。

**高振衡**(1911—1989),浙江绍兴人。1930年考入清华大学化学系,1934年毕业后陆续在清华大学化学系、国立西南联合大学化学系任教。随后留学美国,1946年获哈佛大学博士学位。回国后主要从事有机闪烁剂与有机激光燃料领域的研究工作,我国物理有机化学学科的开拓者之一。1981年当选为中国科学院化学部学部委员(院士)。

**林风**(1911—2018),广东梅县人。1935年考入清华大学化学系攻读硕士研究生学位,积极投身"一二·九"爱国学生运动。后因参与抗日活动,被日本宪兵逮捕并在狱中关押了6年。1945年出狱后,参与了清华大学的复校活动。石油化学工程学家,曾任石油科学研究院总工程师、副院长等职。

**马祖圣**(1911—2007),广东中山人。1927年到清华学校化学系就读,毕业后留校攻读硕士研究生,于1934年取得学位。随后赴美留学,1938年获芝加哥大学博士学位。多数时间在美国大学任教,主要从事微量化学、有机化学、药用植物等领域的研究工作。他一生爱国爱校,曾捐款为清华化学系、化工系购置大量科技图书,并在清华设立了"清华之友—1931级纪念助学金"和"马祖圣学长纪念助学金基金"两项赞助金。

**陈新民**（1912—1992），安徽望江县人。1931年考入清华大学化学系，1940年公费留学美国，1945年获得麻省理工学院博士学位。回国后主要在高校做管理和冶金物理化学方面的科研工作。我国知名化学家、教育家。曾先后任清华大学化工系教授、清华校务委员会常委兼秘书长、中南矿冶学院（现中南大学）首任院长等职。1980年当选为中国科学院学部委员（院士）。

**时钧**（1912—2005），江苏常熟人。1930年考入清华大学化学系，1934年毕业后留学美国，1936年获得缅因大学硕士学位。1938年回国后，长期从事高等教育工作，先后在中央大学、重庆大学、南京化工学院等高校任教。我国著名化学工程学家。1980年当选为中国科学院学部委员（院士）。

**刘康**（1912—1994），山西平遥县人。1933年考入清华大学化学系，1935年积极参加"一二·九"爱国学生运动，1937年毕业，获理学学士学位。后跟随部队转战南北，参加革命斗争。1949年后曾任石油工业部计划司司长、第五机械工业部副部长兼政治部主任等职。

**孙增爵**（1912—2007），浙江人。1929年考入清华大学化学系，1933年毕业后留学美国，1937年获麻省理工学院博士学位。长期在美从事石油化工、精细化工等工业部门的科研和管理工作，拥有57项专利，是驰名世界的石油化工专家。始终关心祖国和母校的发展，积极推动在美校友向学校捐款设立奖学金，带头在化学系设立"孙增爵奖学金"。

**汪德熙**（1913—2006），江苏灌云县人。1931年考入清华大学化学系，本科毕业后继续攻读硕士研究生，1946年获麻省理工学院博士学位。回国后主要在科技和教育领域工作，曾任天津大学化工系主任、第二机械工业部原子能研究所副所长等职。化学工程学家，我国核化学化工事业的主要奠基人之一。1980年当选为中国科学院学部委员（院士）。

**黄新民**（1913—1983），福建清流县人。1934年考入清华大学化学系，次年积极参加"一二·九"爱国运动，1937年本科毕业后留校任教，1945年赴英国留学，1948年获剑桥大学博士学位。主要从事教育和外事管理方面的工作，曾任教育部留学生管理处处长、北京大学及清华大学兼职教授、中国环境科学研究院副院长等职。

**齐季庄**（1913—2008），江苏常州人。1932年考入清华大学化学系，毕业后留校任教。抗战期间在国立西南联合大学任总办公处助理、干事。1949年后长期在老家常州芳晖女中任教，培养出大批化学成绩优异的学生，连续六届当选常州市人大代表。她的家庭被誉为"清华人家"，除她和丈夫胡鹏飞外，其四子胡东成曾任清华大学副校长，孙女胡新宙是清华大学化学系2001级本科生。

**武迟**（1914—1988），浙江余杭人。1932年考入清华大学化学系，毕业后公费赴美留学，1939年获麻省理工学院硕士学位。新中国成立后放弃在美的优越生活条件回国，先后担任清华大学化工系及石油系教授、北京石油学院（现中国石油大学）教授兼副教务长、石油工业部生产技术司总工程师等职。1980年当选为中国科学院学部委员（院士）。

**曹国枢**（1914—1993），湖南长沙人。1937年毕业于清华大学化学系，1936年8—10月任清华大学党支部宣传委员。七七事变后回到长沙开展抗日救亡活动，曾任中共湖南省委青委。1949年后，历任长沙市立医院院长、湖南省工业厅高级工程师、湖南省第五届政协常委等职。

**张承先**（1915—2011），山东高苑县人。1936年9月至1937年7月在清华大学化学系学习，曾任中共清华大学分支部书记。1949年前曾任中共鲁西北特委书记、冀鲁豫区委宣传部部长等职。1949年后历任中共平原省委宣传部长、中共中央华北局宣传部长、中共河北省委书记、教育部副部长等职。

**陈冠荣**（1915—2015），湖北武汉人。1934年转入清华大学化学系学习，1936年毕业。抗日战争期间主要在军队从事防毒技术工作。1947年赴美留学，获卡耐基理工学院（现卡内基梅隆大学）化学工程硕士学位。我国著名化学工程学家。曾任化工部有机化工设计院副院长、化工部第一设计院院长兼总工程师、化工部科技局副局长兼总工程师、中国科学院化学学部副主任等职。1980年当选为中国科学院学部委员（院士）。

**冯师颜**（1915—1970），河南济源人。1935年考入清华大学化学系，卢沟桥事变后转到国立西北大学继续学习，1943年毕业后留校任教。1957年被派往苏联莫斯科大学进修热化学，1959年回国后长期在西北大学任教，先后担任物理化学教研室主任、化学系副主任等职。中国实验热化学的开拓者，主持的多项科研成果荣获国家级奖励，其中"低温真空绝热量热计"项目获1978年全国科学大会奖。

**张龙翔**（1916—1996），浙江湖州人。1934年由沪江大学转入清华大学化学系学习，1938年考入岭南大学读研，1940年赴加拿大多伦多大学留学，1942年获博士学位。生物化学家、教育家，对一些蛋白质的结构、功能和进化有深入研究。曾任北京生物化学会理事长、北京大学校长、国务院学位委员会生物学科评议组副组长等职。

**曹光锐**（1916—1991），河北辛集人。1934—1937年在清华大学化学系学习。抗日战争期间在北平燕京大学等地投身地下工作。1949年后历任吉林开山屯纸厂副厂长兼总工程师、西北轻工业学院教授、北京轻工业学院系主任兼教授等职务。

**蔡承祖**（1917—2000），江苏吴县人。1935—1937年在清华大学化学系学习。抗日战争期间在湖北省做地下工作，曾任应城汤池特委组织部长、应城县委书记、中心县委书记、鄂东地委组织部长等职。1949年后历任纺织工业部业务司副司长、中国科学院广州分院副院长、中国科学院合肥分院党组书记等职。

第1章　初创时期的清华化学系(1926—1937)

**姚依林**(1917—1994),安徽池州人。1934年考入清华大学化学系。1935年加入中国共产党,同年12月与彭涛、黄敬、郭明秋等人一起,组织和指挥了由数千名北平爱国学生举行的"一二·九""一二·一六"两次抗日救国示威游行活动,从此走上革命领导者之路。杰出的无产阶级革命家、党和国家的优秀领导人,曾任中共中央政治局常务委员、国务院副总理等重要职务。

**吴承明**(1917—2011),河北滦县人。1934年考入清华大学化学系,北平"一二·九"爱国学生运动领袖之一。1943年考入美国哥伦比亚大学经济系,1946年获工商管理硕士学位,1947年回国。我国著名经济学家和经济史学家,著有《吴承明全集》(共6卷),曾任中国社会科学院经济研究所专任研究员、中国史学会会长、中华全国工商联特约顾问等职。

**严东生**(1918—2016),浙江杭州人。1935年考入清华大学化学系,抗战爆发后转入燕京大学化学系继续学习,取得学士和硕士学位。1946年留学美国并获伊利诺伊大学博士学位。我国著名的材料学家,曾任中国科学院上海硅酸盐研究所所长、中国化学会理事等职。1980年当选为中国科学院学部委员(院士),1994年又分别当选为中国工程院院士、第三世界科学院院士。

# 第2章
# 抗战时期的西南联合大学化学系(1937—1946)

抗战期间,国立清华大学、国立北京大学和私立南开大学奉命南迁,先在湖南长沙合组为国立长沙临时大学,后因战火步步逼近,国立长沙临时大学再度西迁云南昆明,并更名为国立西南联合大学(简称西南联大或联大)。联大在昆明艰难办学期间,校舍遭日军飞机轰炸。这所饱经风霜的大学在中国教育史上写下了辉煌的一页。此时期的联大化学系也不负众望,在人才培养和科学研究等诸多方面都取得了不俗的成绩。

## 2.1 历史沿革

1937年7月7日,日寇炮轰宛平县城,卢沟桥事变发生,揭开了中华民族全面抗战的序幕。同年9月,国立清华大学奉教育部令南迁,与国立北京大学、私立南开大学合组国立长沙临时大学(简称长沙临大)[1]。三校南下师生千余人(包括当年招收的新生和他校借读生等)陆续到达长沙,于10月25日开学,11月1日开始上课。长沙临大的院系设置基本上是将三校原有院系归并而成,故长沙临大的化学系自然就由清华化学系、北大化学系和南开化学系合组而成[2]。

1937年年底,战火逼近长沙。1938年年初,临时大学常委会(学校权力机构)决定全校迁往地处大后方的云南省会昆明。同年2月,长沙临大师生由长沙分三路赴滇。一路是水路,成员包括绝大部分教师及眷属、体弱不适于步行的男生和全体女生,共计600余人。他们分批经粤汉铁路乘火车至广州,取道香港,走海路到安南(今越南)海防,再由滇越铁路乘

---

[1] 齐家莹:《清华人文学科年谱》,203页,北京:清华大学出版社,1999年。
[2] 何其盛:《清华大学化学系建系九十周年纪念册》,65页,2016年。

火车到昆明。另一路是陈岱孙、朱自清、冯友兰等10余名教授的乘车路线,他们经桂林、柳州、南宁、镇南关(今友谊关)抵越南河内,再经滇越铁路到昆明。这一路人员顺道的主要任务是受学校常委会的委托,向广西当局解释长沙临大决定不迁往广西的原因,并对当局的邀请表示谢意。第三条赴滇路线为湘黔滇旅行团的西迁路线,即由湘西经贵州直赴昆明,全程约1600公里,其中步行1300多公里(见图2-1),是中国教育史上的一次壮举①。

图2-1 浩浩荡荡的长沙临大旅行团西迁云南

广大长沙临大师生经过两个多月的跋山涉水,终于到达了云南。1938年4月2日,国立长沙临时大学奉教育部令正式改校名为国立西南联合大学,并于5月4日恢复上课②。

联大最高行政领导机构——常务委员会,由三校校长及秘书主任组成,常委会主席原则上任期一年,由三校校长轮值。不过因南大校长张伯苓、北大校长蒋梦麟不常住昆明,所以联大常委会的工作实际上多由清华

---

① 郭建荣:《国立西南联合大学图史》,60页,昆明:云南教育出版社,2007年。
② 王学珍等:《国立西南联合大学史料》第1卷,6页,昆明:云南教育出版社,1998年。

校长梅贻琦主持。图 2-2 所示为西南联大三位常务校长。

蒋梦麟（1886—1964）　　梅贻琦（1889—1962）　　张伯苓（1876—1951）

图 2-2　西南联大的三位常务校长

联大落户昆明后，办学条件很差。首先是资金、校舍严重不足，员工的薪金常被拖欠，教室、实验室要大量到当地四处去租借。其次是实验用的仪器设备和化学药品等极度匮乏，使许多实验课不能完全开设。最后是战争的阴霾总是挥之不去，缺少一个安静的校园环境。1940 年 7 月，日军攻占越南后，昆明成为抗战的前方重镇，联大校舍亦遭日军机轰炸，一时间，被迫再次准备转移校舍成为联大的当务之急。匆忙中，校务会议决定在四川叙永县办一所分校，并令该年招收的 600 多名新生全部到分校报到。后经一年的实践表明，叙永县的办学条件比昆明还差，尽管教育部和四川地方当局都支持联大整体迁往四川，但 1941 年 7 月 4 日举行的校务会议还是不得不做出决定：停办叙永分校，停止各项迁往四川的准备工作。从此联大才安心落户昆明，直到抗战胜利后，1946 年 5 月三校开始复员北返，7 月 31 日，西南联大正式结束①。

联大化学系师生在上述极其恶劣的环境下，与全体联大师生员工一道，高举"爱国报国、艰苦奋斗、精诚团结"的大旗，取得了大量卓有影响的学术成果，培养出了一大批学术大师和治国栋梁②。

西南联大化学系系主任多数时间由杨石先教授担任，只在 1945 年杨先生出国期间由黄子卿教授代理，见表 2-1。此外，当时三校化学系仍各

---

①　郭建荣：《国立西南联合大学图史》，99 页，昆明：云南教育出版社，2007 年。
②　陈吉宁：《西南联大建校 75 周年纪念大会专辑》，12 页，2012 年。

自设有系主任一职,负责处理一些与各校自身相关的事务。清华化学系系主任为张子高,后张先生因事离开昆明,由高崇熙先生代理①。总而言之,虽然联大自始至终处在兵荒马乱的年代,但从上到下的各个岗位,每时每刻都是有人负责的,保证了学校工作运转的有序和效率。

表2-1　西南联大关于黄子卿代理化学系主任的布告(1945年9月18日)

| 布　告　第1050号 |
| --- |
| 杨石先先生离校出国研究,本大学理学院化学系主任职务,兹聘请黄子卿先生代理。此布。 |
| (清华大学档案) |

## 2.2　师资队伍

1937年抗战全面爆发后,清华、北大、南开三校原有的教员大部分随校南迁,第一站就是到长沙临大这所"流亡"学校继续任教。在长沙临大化学系的教师队伍中,清华、北大的势力相对雄厚,表2-2列出了长沙临大化学系教员名单。

表2-2　长沙临大化学系教员名单

| 原属学校 | 国立清华大学 | 国立北京大学 | 私立南开大学 |
| --- | --- | --- | --- |
| 教授 | 高崇熙　黄子卿<br>张大煜 | 曾昭抡　孙承谔　刘云浦<br>钱思亮　朱汝华(副) | 杨石先 |
| 专任讲师 | 苏国桢 | | |
| 教员 | 张为申 | | |
| 助教 | 罗建业　陈光旭<br>高振衡　张光世 | 刘　钧　贾树槐<br>蒋明谦　魏　璠 | 姚玉林 |

(资料来源:清华大学校史研究室:《清华大学史料选编》第3卷(下册),60页,1994年。)

在1938—1946年的西南联大期间,由于诸多因素的影响,化学系每年都有一些教师离职或新聘,好在骨干教师队伍还相对稳定,这也为保证教学质量提供了良好的师资条件。表2-3列出的是联大化学系1942年的教员名册,表2-4列出了1946年联大快结束时,联大化学系教员中分属于清华的人员名单。

---

①　周蕊等:《继往开来,再展宏图——庆祝清华大学化学系成立七十周年暨复系十周年》,11页,1996年。

### 表2-3　联大化学系1942年前后的教员名册

| 系主任 | |
|---|---|
| 杨石先(1937年10月4日任——1945年9月出国研究,辞) | |
| 黄子卿(1945年9月11日)代理 | |
| **教　授** | |
| 杨石先　曾昭抡　孙承谔　刘云浦　钱思亮　张子高 | |
| 高崇熙　黄子卿　邱崇彦　朱汝华(1939年副,1940年正) | |
| 张大煜(1939年已任,1941年1月11日聘,名誉职) | |
| 张青莲 | |
| **副教授** | |
| 苏国桢(1939年副) | |
| **专任讲师** | |
| 张为申(1941年8月6日聘) | |
| **讲　师** | |
| 黄鸣龙(1943年9月2日聘) | |
| 陈美觉(1943年9月15日聘) | |
| 黄　为(1944年9月13日聘) | |
| **助　教** | |
| 姚玉林(1939年已任) | 蒋明谦(1939年已任) |
| 刘　钧(1939年已任) | 买树槐(1939年已任) |
| 罗建业(1939年已任) | 陈光旭(1939年已任) |
| 张光世(1939年已任) | 高振衡(1939年已任) |
| 刘维勤(1939年7月18日聘) | |
| 王继璋(1939年7月18日聘) | |
| 黄新民(1939年12月19日聘) | |
| 朱汝瑾(1940年11月13日聘) | |
| 陈天池(1941年10月1日聘) | |
| 焦瑞身(1941年10月1日聘) | |
| 唐敖庆(1942年已任) | 钱翠麟(1942年已任) |
| 夏诵娴(半时,1942年8月19日聘) | |
| 陆善华(1942年9月2日聘) | |
| 郅汝茂(1943年已任) | 沈淑英(1943年已任) |
| 王积涛(1943年已任) | 田曰灵(1943年已任) |
| 陆钟荣(1943年已任) | 何炳林(1942年12月8日聘) |
| 李昌辉(1945年9月6日聘) | |

(资料来源:清华大学校史研究室:《清华大学史料选编》第3卷(下册),299页,1994年。)

表 2-4　1946 年联大化学系教员中属清华的人员名单

| 职别 | 姓名 | 年龄 | 眷属 | | | 私物 | 附注 | 籍贯 |
|---|---|---|---|---|---|---|---|---|
| | | | 大 | 中 | 小 | 公斤数 | | |
| 教授 | 高崇熙 | 46 | 4 | | | 400 | | 河北 |
| 教授 | 萨本铁 | 46 | | | | | 现在北平 | 福建闽侯 |
| 教授 | 黄子卿 | 47 | 3 | | 1 | 400 | | 广东梅县 |
| 教授 | 张大煜 | 41 | 2 | | 1 | 350 | 请假在沪今夏返校 | 江苏无锡 |
| 教授 | 张青莲[①] | 38 | 1 | | 1 | 250 | | 江苏常熟 |
| 专任讲师 | 张为申 | 38 | | | | 200 | | 江苏吴县 |
| 教员 | 刘维勤 | 31 | | | | 100 | | 江苏吴县 |
| 助教 | 焦瑞身 | 29 | | | | 100 | | 河北 |
| 助教 | 闵嗣桂 | 30 | 1 | | | 200 | | 江西奉新 |
| 助教 | 陆钟荣 | 25 | | | | 100 | | 江苏无锡 |

（资料来源：北京大学等：《国立西南联合大学史料》第四册(教职员卷)，345 页，昆明，云南教育出版社，1998 年。）

尽管抗战时期政局动荡，联大办学的物质条件匮乏，但教师队伍的素质品德和学术水平较高，在一定程度上弥补了客观困难对教学质量的负面影响。教师在业务上之所以能保持较高的水平，除归因于他们个人的不懈努力并经常与国外同行保持学术交流外，联大校务会也十分重视派遣骨干教师去国外进修或做合作研究。表 2-5 和表 2-6 就是联大校委会关于派遣化学系主任杨石先、教授曾昭抡等人出国开展科研工作一事与民国教育部之间的来往函件。

表 2-5　呈民国教育部关于杨石先出国研究护照事[②]
（1945 年 5 月 28 日）

教育部钧鉴：
　　本校理学院化学系主任兼教务长杨石先教授业经钧部选定出国研究。兹谨将填缴之中国人赴美证书及请领护照事项表，又相片三张、印花费及护照费共×××元一并随电呈送，敬祈转咨外交部，填发杨教授出国护照，实为公便。
　　　　　　　　　　　　　　　　　　　　　国立西南联合大学叩　印
　　　　　　　　　　　　　　　　　　　　　　　　（清华大学档案）

---

① 原书误写为陈青莲。
② 北京大学等：《国立西南联合大学史料》第四册(教职员卷)，467 页，昆明：云南教育出版社，1998 年。

表 2-6　民国教育部函西南联大关于吴大猷、华罗庚、
　　　　曾昭抡三教授赴美研究事(1946 年)[①]

| 教育部代电 | 渝高字第 11946 号 |
| --- | --- |
| | 民国三十五年二月廿六日 |

国立西南联合大学：本年一月二十二日合字第七一六〇号代电悉。据称军政部借聘该校吴大猷等三教授赴美研究，原则上自应同意；但各由该校继续支薪一节，请准将三教授名额不计入该校教职员限额之内等情。查该校教职员名额业经核定，无法增加。吴大猷等赴美研究期间之薪津，除已函请军政部照各该员原领数额发给外，仰即知照。

教育部印

有关联大教员师德高尚、严于律己的事例更是不胜枚举。黄志洵在回忆黄子卿教授于西南联大化学系执教过程中的艰苦生活时写到："抗战开始，黄先生随校南迁来到昆明，任教于西南联大。他日常穿蓝布长衫、布鞋，走路时仪态严肃，目不斜视；对待教学非常认真，生活却很清苦。他每周教学工作量高达三十六小时，但每次回家因无钱坐车，要步行一个多小时。这就是西南联大的教授，这就是中国的脊骨挺直的知识分子！"[②]又如高崇熙教授在业余种植了一大片唐葛蒲(剑兰)出售，用以维持生计。有的教授家中在遇到特殊困难时，由夫人摆摊卖旧衣物，有的则通过去中学兼课等方法来摆脱困窘。再比如，联大化学系的曾昭抡在跟随长沙临大从湖南西迁入滇时，放弃了乘车船前往的教员路线，毅然选择与大多数男生一道、主要靠步行翻山越岭挺进昆明的路线，在困难面前真正起到了为人师表的作用。

## 2.3　课 程 设 置

西南联大(含长沙临大)化学系的课程设置，基本上是遵照民国教育部规定的理学院及化学系必修课程来安排的，其中本系必修课程的名目和门数与战前清华大学化学系大致相同。在从长沙临大直到联大结束的

---

①　北京大学等：《国立西南联合大学史料》第四册(教职员卷)，475 页，昆明：云南教育出版社，1998 年。
②　冯友兰等：《联大教授》，197 页，北京：新星出版社，2010 年。

八年时间内,教学计划均基本不变。

联大化学系课程设置的主要特点是:

(1) 除必修课程外,还有大量的选修课程。理论性的专业化学课有生物化学、发酵化学、植物碱、醣与萜、甾体化学、胶体化学等;较高深的理论课有高等无机化学、应用热力学、热力学、量子力学、统计力学和动力学等。每年总计开设各类课程20门左右。选修课程大多数是按照教师的专长开设的。

(2) 与战前清华化学系相比,联大化学系增添了一些实用性较强的专业课,如定性有机分析、国防化学、药物化学、化工计算、染料化学、酿酒化学等。这些实用课程的开设吸收了南开化学系的特点,也便于本系学生毕业后的求职。

(3) 一门课分作几门课来讲授。由于教师多,有些课程就按教师专长分作几门课讲授,如战前清华化学系一门工业化学课程,在联大就分为有机工业化学和无机工业化学两门课;高等理论化学则分成高等理论化学——量子力学和高等理论化学——统计力学。

**1. 必修课程**

一年级必修课有:大一国文(6学分)、大一英文(6学分)、中国通史(6学分)、微积分(8学分)、普通化学(8学分)、定性分析(6学分),共40学分。体育不计学分。

二年级必修课有:普通物理学(8学分)、经济学概论(6学分)、德文(一)(6学分)、有机化学(8~10学分)、定量分析(10学分),共38~40学分。

三年级必修课有:理论化学(10~12学分)、无机工业化学(6学分)、有机工业化学(6学分)、高等有机化学(6学分)、德文(二)(6学分),共34~36学分。

四年级必修课有:高等理论化学(一)、(二)、(三)各3学分,高等无机化学(一)、(二)各3学分,毕业论文(2学分)。另加选修课,四个学年要求修满132学分方可毕业。

联大化学系所开的必修课总是安排资深的教师讲授,以保证高质量的教学效果。如普通化学课,每学年开出2~4组,最多时开过6组。甲组为化学、化工两系学生选读,乙组为理学院其他各系学生选读,丙组为师范学院理化系学生选读,丁组为文法学院学生选读。另有两组为工学院二年级学生开设。甲组先后由杨石先、钱思亮、张青莲等老师讲授,其他各组分别由张子高、孙承谔、张青莲、刘云浦、严仁荫、潘尚贞等老师讲授。教材是 Brinkley 编写的 *General Chemistry*。实验课因设备条件所限,多半做些演示试验。又如高等有机化学课,主要介绍有机化学中各个领域的新发展及成就,包括有机合成法、立体化学、甾族化学、萜类化合物、杂环化合物及生物碱等专题,由高崇熙、钱思亮、朱汝华、曾昭抡、杨石先等资深教师合开,各讲授 1~2 个专题。1943—1946 年,甚至还请中央研究院的黄鸣龙和纪育沣研究员来讲授过。

**2. 专业课程**(供学生必修或选修)

(1) 工业化学计算:化学系三年级应用组学生必修,纯理论组学生选修。先后由苏国桢、高长庚、高少正、潘尚贞等教员讲授。

(2) 化学工程:化学系四年级学生必修或选修。先后由苏国桢、张明哲、谢明山等老师讲授。

(3) 化学工程热力学:1937—1940 年作为化学系三年级学生必修或选修课。由苏国桢老师讲授。

(4) 生物化学:1937—1943 年作为化学系三、四年级的选修课;1943—1944 年改为三、四年级必修课。分别由刘云浦、杨石先二位老师讲授。

(5) 综合药物化学:1943 年为化学系四年级学生选修课,后改为必修课。由杨石先教授讲授。

(6) 化学史:1938—1939 年为化学系四年级必修课。由张子高教授讲授。

(7) 化学德文:化学系三、四年级学生必修课。张大煜老师讲授过一个学期,后由黄鸣龙研究员讲授。

**3. 选修课程**(供化学系三、四年级学生任选)

(1) 曾昭抡老师开设国防化学、染料化学。

(2) 刘云浦老师开设食物及营养化学。

(3) 张大煜老师开设胶体化学、应用胶体化学(不计学分)。

(4) 张青莲老师开设化学文献。

(5)严仁荫老师开设高等分析化学①。

表 2-7 和表 2-8 分别列出了长沙临大化学系和西南联大化学系开设的主要课程。

**表 2-7　长沙临时大学理学院化学系课程设置②**

| 课　　程 | 必修或选修 | 学期 | 学分 | 教　　师 |
|---|---|---|---|---|
| 普通化学演讲(甲) | | 上 | 4 | 杨石先 |
| 普通化学演讲(甲) | | 下 | 4 | 杨石先 |
| 普通化学试验(甲) | | 下 | | 杨石先 |
| 普通化学演讲(乙) | | 上 | 4 | 孙承谔 |
| 普通化学演讲(乙) | | 下 | 4 | 孙承谔 |
| 普通化学试验(乙) | | 下 | | 孙承谔 |
| 定性分析 | | | 6 | 钱思亮 |
| 定量分析 | | | 6 | 高崇熙 |
| 有机化学(甲) | | | 8 | 朱汝华(女) |
| 有机化学(乙) | | | 4 | 钱思亮 |
| 有机分析 | | 上 | 1 | 曾昭抡 |
| 高等有机 | | | 6 | 高崇熙、朱汝华(女)、曾昭抡、杨石先、钱思亮 |
| 理论化学(甲) | | | 8 | 黄子卿 |
| 理论化学(乙) | | | 4 | 刘云浦 |
| 高等理论 | | | | 孙承谔、刘云浦、邱宗岳、黄鸣龙 |
| 热力学 | | 下 | | 黄子卿 |
| 无机工业化学 | | | 4 | 张大煜 |
| 有机工业化学 | | | 4 | 曾昭抡 |
| 工业化学计算 | | 上 | 2 | 苏国桢 |
| 化学工程 | | | 6 | 苏国桢 |
| 胶体化学 | | 下 | 2 | 张大煜 |
| 稀有金属之化学 | | 上 | | 高崇熙 |
| 生物化学 | | 下 | 2 | 刘云浦 |
| 食物及营养化学 | | 上 | 2 | 刘云浦 |
| 国防化学(甲) | | | 2 | 曾昭抡 |
| 国防化学(乙) | | 上 | 1 | 张大煜 |
| 化学工程热力学(一) | | 下 | 3 | |
| 综合药物化学 | | 下 | 2 | |

---

① 西南联合大学北京校友会：《国立西南联合大学校史——1937—1946 年的北大、清华、南开》，217-223 页，北京：北京大学出版社，1996 年。
② 北京大学等：《国立西南联合大学史料》第三册(教学科研卷)，122-123 页，昆明：云南教育出版社，1998。

表 2-8　西南联大理学院化学系课程设置（1941—1942 年）[①]

| 课　　程 | 必修或选修 | 学期 | 学分 | 教　　师 |
|---|---|---|---|---|
| 普通化学(甲) | Ⅰ | | 8 | 杨石先 |
| 普通化学(乙) | Ⅰ | | 8 | 严仁荫 |
| 普通化学(丙) | Ⅱ,Ⅲ,Ⅳ | | 8 | 刘云浦 |
| 普通化学(丁) | Ⅱ,Ⅲ,Ⅳ | | 8 | 刘云浦 |
| 普通化学(戊) | Ⅱ,Ⅲ,Ⅳ | | 8 | 潘尚贞 |
| 定性分析(甲) | 化工,化Ⅰ | | 6 | 张为申 |
| 定性分析(乙) | 选 | | 6 | 邱宗岳 |
| 定量分析(甲) | Ⅱ | | 10 | 高崇熙 |
| 有机化学演讲(甲) | Ⅱ,Ⅲ | | 8 | 朱汝华(女) |
| 有机化学实验(甲) | Ⅱ,Ⅲ | | 4 | 朱汝华(女) |
| 理论化学(甲) | 化Ⅲ | | 10 | 黄子卿 |
| 理论化学(丙) | 化工Ⅲ | | 8 | 张青莲 |
| 无机工业化学 | 化Ⅲ | | 6 | 曾昭抡 |
| 有机工业化学 | 化Ⅲ,Ⅳ | | 6 | 曾昭抡 |
| 有机分析 | 3,4 | | 1 | 朱汝华(女) |
| 国防化学 | 3,4 | | 4 | 曾昭抡 |
| 高等无机化学 | 3,4 | | 4 | 张青莲 |
| 高等有机化学(三) | 3,4 | 上 | 3 | 杨石先 |
| 高等有机化学(四) | 3,4 | 下 | 3 | 朱汝华(女) |
| 生物化学 | 3,4 | | 4 | 刘云浦 |
| 胶体化学 | 4 | 上 | 3 | 张大煜 |
| 化学工程 | 4 | | 8 | 苏国桢 |
| 工业化学计算 | 化Ⅰ,Ⅱ<br>化2,3 | 下 | 2 | 潘尚贞 |
| 化工概要 | 化工Ⅰ,Ⅱ | 下 | 1 | 苏国桢 |
| 高等理论化学(乙)<br>(应用热力学) | | | 6 | 邱宗岳 |
| 定性分析(丙) | | | 6 | 严仁荫 |
| 化学德文 | | 下 | 3 | 张大煜 |
| 有机反应及综合法 | 3,4 | 下 | 2 | 高崇熙 |

注：甲、乙两组为一年级学生设,丙、丁两组为文理法师二、三、四年级设,戊组为工学院二、三、四年级设；高等有机共有(一)、(二)、(三)、(四)四部,均可单独选读,本年为(三)、(四),下年为(一)、(二)。Ⅰ、Ⅱ、Ⅲ、Ⅳ等码分别表示一年级、二年级、三年级、四年级必修课程。1、2、3、4 分别表示一年级、二年级、三年级、四年级选修课程。

---

① 北京大学等：《国立西南联合大学史料》第三册(教学科研卷),244-245 页,昆明：云南教育出版社,1998.

## 2.4 人才培养

### 2.4.1 战时办学，困难重重

提起联大的办学困难，人们往往容易从战争对生活和教学环境的破坏方面去理解。可对于化学这类教学质量高度依赖于实验环节的专业来讲，缺少必要的仪器设备和化学药品才是更为致命的问题。北大、清华、南开三校南迁时，虽然大部分的师生都随队伍而行，但校内多数仪器设备和化学药品被遗弃了。仅有清华化学系曾把一部分仪器和试剂（包括高崇熙先生花了十年时间研制的一百多瓶各类化合物）小心翼翼地运到了南方，暂时贮藏在重庆远郊的北碚，后来也被日军机炸毁了。比较幸运的是，1938年北大化学系从长沙迁往昆明时，钱思亮老师和几位同事绕道上海购买了三十箱化学药品，经海路运到越南海防，再转运到昆明，缓解了联大化学系开实验课的燃眉之急。借助从上海或香港购货，联大化学实验药品的供应维持了两三年。1940年越南被日军占领，这条物资供应线也被切断了[①]。随后学校又设法经滇缅公路从缅甸输入一些化学药品，但因外汇短缺，只能补充极其有限的药品。再之后就连一些最常用的试剂，如双氧水、盐酸、硝酸等也断供了，只好由师生自行制备。新校舍内没有自来水管和煤气，只能自制土设备或寻找代用品，如在实验室旁边搭的木架上放置木桶充当土水塔、用酒精灯代替煤气灯等。最后连酒精也买不起时，只好改用木炭炉来加热。做分析实验缺少足够的蒸馏水，只能让学生把井水煮沸过滤后代替。有机实验没有供冷凝用的自来水，就使用两个铁皮水槽，分别放置在实验台上和台下，与冷凝器的出入口连通，不断将水槽内的水上下倒腾，维持冷却降温。称重用的精密天平只有五六台，做实验时学生要排队等候。

初到昆明时，联大化学系先在昆华农校开设实验课。1939年新校舍落成，化学系分配到南区的四栋铁皮顶平房，每栋约200平方米，均分隔成2~3个小间，分别用作普通化学、定性分析、定量分析、有机化学和物理

---

① 易社强（John Israel）：《战争与革命中的西南联大》，177页，北京：九州出版社，2012年。

化学的实验室,以及系办公室和库房。1940年后,日机空袭频繁,只好将仅有的仪器疏散到乡下,实验课一度被迫停开。总之,由于物质条件限制,实验课程大为缩减。定量分析只开设六七个实验,有机化学和物理化学实验也只有五六个,有些重要的专题,例如普通化学的光谱实验就无法开设,使对学生实验能力的培养受到一定的影响①。图2-3所示为联大设在昆华农校的简易化学实验室。

图2-3　联大设在昆华农校的简易化学实验室(北大档案馆提供)

### 2.4.2　校规校矩,有章可循

虽然当年的办学条件很差,但所有教学活动的安排都井井有条。学生从招生入学到毕业的每个培养环节均有章可循,全力维护中国高等学府的严谨与尊严。表2-9和表2-10分别列出了联大教务通则中有关学生缺课及请假的处置办法和本科学生毕业及学位授予的规定,足以显示校系管理制度之严格。

---

① 西南联合大学北京校友会:《国立西南联合大学校史——1937—1946年的北大、清华、南开》(第二版),170-171页,北京:北京大学出版社,2006年。

**表 2-9　联大有关学生缺课及请假的处置条文**[①]

第四十二条　学生缺课,无论曾经请假与否,均由教师填写缺课报告单送交注册组。

第四十三条　学生如因事不能上课者,须先期亲到注册组填写请假单,注明所缺课程及时数。如未经准假而缺课者,以无故缺课论,事后不得补假。

第四十四条　学生因病请假者,须得校医之证明。

第四十五条　学生一学期内,无故缺课(体育及军事训练在内)满十小时者,由注册组予以警告;满二十小时者,由注册组报告教务长,酌予训诫。训诫后仍无故缺课者,由教务长酌令休学一年或一学期。

第四十六条　学生一学期中因任何事故于某课程缺课逾三分之一者,不得参与该课程之学期考试,该课程成绩以零分计。

第四十七条　学生因不得已事故(如疾病、亲丧)不能应学期或学年考试者,须先呈交家长或医生之证明函件,经教务长核准后,得参加补考。

第四十八条　学生无故不参与学期或学年考试者,不得请求补考,其所缺考各课程成绩以零分计。

第四十九条　补考于每学期始业前规定时期内举行之,逾期不得再补。

**表 2-10　联大学生毕业及学位授予的相关规定**[②]

第六十条　本大学第四年级之学年考试即为毕业考试,为使学生对于所学习学科融会贯通起见,并须加考其以前各年级所习之专门主要科目共三种,不及格者不得毕业。

第六十一条　学生第四年级上学期始业时,应商承本系主任及教授,选定题目,并受其指导,撰作毕业论文一篇,并按照校历规定日期,呈请审核。

第六十二条　凡学生曾在本大学肄业满四年,修满所入院系所规定之课程及学分,而党义、体育、军事训练亦均合格,并缴清一切规定校费,经审查合格后,准予毕业。

第六十三条　本大学依照教育部定章授予毕业生以各科学士学位。

## 2.4.3　教书育人,一丝不苟

联大在人才培养方面之所以取得成功,除了规章制度健全外,还因为教师在规章制度的执行和教学实践的各个环节的实施上要求十分严格。联大化学系许多校友在回顾当年的大学生活时,都不约而同地谈到了这一点。比如校友申泮文在《怀念严师杨石先教授》一文中写到:"石先师讲课非常认真,第一次上课就给学生约法三章。规定女生坐第一二排,男生坐在后排;把学生座椅按行列编号,每人座位固定,不许变动。这样谁未到课堂,座位就空着,他从讲台一眼望去就可知道谁缺课。每次上课他

---

① 清华大学校史研究室:《清华大学史料选编》第 3 卷(下册),159 页,1994 年。
② 清华大学校史研究室:《清华大学史料选编》第 3 卷(下册),161 页,1994 年。

很快便点完了名,学生迟到超过十分钟,就不准进入课堂,记为旷课。这些细微的地方都显示出杨先生对学生的严格要求和追求课堂效率"①。又比如校友田曰灵先生在《回忆西南联大化学系》的纪念文章中说道:"化学系教师的水平与联大其他系一样是当时国内一流的。化学系的教授大都是20世纪30年代从欧美公费留学归来的,每个人各有其特点,进而给学生留下不同的印象。我上一年级时,钱思亮教授教普通化学和定性分析。他讲课条理非常清晰,令新同学耳目一新。他给考生打分,不差半分,使每个学生清楚地知道自己错在何处。二年级时化学系的重点课是有机化学和定量分析。教有机化学的是女教授朱汝华,她在课堂上不苟言笑,要求严格,几乎每周都有测验,而且事先不通知。因此学生每次进教室,都得准备应试。一学年下来,班上至少有三分之一的学生被淘汰。然而在课下,朱老师却是那样平易近人。教定量分析的是高崇熙教授,他讲课比较注重实验,但那时由于空袭,实验时间减少了,在课堂上讲实验,学生缺乏实践,常不能领会。尽管课后捧着大厚本的参考书去念,还是难以理解。许多人在课堂上被他叫起来问,答不出而挨骂。对于成绩,他卡得更紧,成绩布告栏上只公布及格者的分数,不及格者当面谈话,逼令转出化学系才给60分。但同学们还是欣赏他的认真、才华和能力"②。

当然人们不能把联大老师对学生在思想上、业务上的高标准和严要求,简单片面地理解成教师喜欢板着脸训人的"师道尊严"。实际上他们对学生时时事事都展现出关心爱护、体贴入微。其中最感人的例子是,校友申泮文在长沙临大念书时,由于生病常迟到,再加上情绪低落没好好上课,好几门选修课无成绩,被学校勒令退学,取消了免费随旅行团去昆明继续念书的资格。此时他找到了负责组织师生迁滇旅行团的黄钰生教授,请求黄教授带他去昆明。结果得到了黄老师和夫人的热情支持,他们资助了申学长的旅费,使他能够自费参加旅行团去昆明,也帮这位后来成长为化学名家的学生保住了继续求学的机会③。另一位常被人怀念的联

---

① 冯友兰等:《联大教授》,181页,北京:新星出版社,2010年。
② 冯友兰等:《联大教授》,199页,北京:新星出版社,2010年。
③ 冯友兰等:《联大教授》,183页,北京:新星出版社,2010年。

大化学系严师是张子高先生,他规定化学系的学生必修经济学这门课,因为战时懂经济学的学生更易找工作。一旦学生毕业后未就业,他就会伸出援手,主动帮助学生寻找合适的工作单位[1]。

联大从制度到教员的高标准、严要求,结果是学生的淘汰率相当高。1939 年联大化学系一年级时全班有 40 人,毕业时却仅有 20 余人[2]。将这种现象换个角度来思考,就是在一定程度上保证了毕业生的质量。

### 2.4.4 自强不息,艰苦奋斗

联大学生在爱国忧民的情怀感召下,能够发扬自强不息、艰苦奋斗的优良传统,无疑是他们成才的重要内在原因。联大学生多来自沦陷区,经济上不能及时得到家庭的供给,其家庭甚至长期没有音讯,许多人靠领取贷金(类似于现在的助学金)过日子。初期还能勉强支付膳费,后来通货膨胀严重,贷金难以维持生计,学生们不得不在课余找工作,最多的就是当家庭教师。那时云南的教育水平较低,当地学生考取联大的极少,于是一些家长广为子女聘请家庭教师,这就为联大学生提供了不少业余工作的机会。为了谋生,学生们什么工作都愿意干,有的人甚至在空袭警报时挂红灯笼。尽管生活如此困难,但大家在学习上却从不松懈。有的学生虽然次日膳费尚无着落,却照常进教室或实验室认真学习和做实验。尽管手头拮据,他们花钱买教科书还是毫不吝啬。除了通读教材以外,还积极博览参考书。新校舍图书馆每天开门时,门前总是挤满了学生,为的是占个座位或抢先借到参考书。

真是有志者事竟成! 满腔爱国情怀的激励,艰苦环境的磨炼,造就了联大化学系众多的栋梁之材。当今,他们大多已离我们远去,但他们开创的成才之路为我们留下了深刻和有益的启迪,他们留下的宝贵历史照片也值得我们永远珍藏。图 2-4 和图 2-5 分别是联大化学系 1942 级、1946 级同学的集体照。

---

① 周蕊等:《继往开来,再展宏图——庆祝清华大学化学系成立七十周年暨复系十周年》,38 页,1996 年。

② 周蕊等:《继往开来,再展宏图——庆祝清华大学化学系成立七十周年暨复系十周年》,39 页,1996 年。

图 2-4　联大化学系 1942 级毕业生合影（北大档案馆提供）

图 2-5　联大化学系 1946 级部分同学合影（鲍纫秋提供）

## 2.4.5 人才辈出,流芳千古

1938—1946年,联大化学系共毕业九届本科生,总计234人[①]。这里要说明的是,由于抗战期间学生流动性较大,有中途转学来插班的,因从军、被征调充任译员、公派出国留学或其他个人原因中途退学者也不少,所以不同的统计资料给出的毕业生人数有差异,数字仅供参考。

这九届毕业生总人数虽不算太多,但他们之中在我国政治、科技、教育等领域做出突出贡献者比比皆是。他们的去向大体分成三种。一部分人直接应征入伍,参加抗战,其中有些人成了抗日英雄(甚至牺牲),却连名字也没留下来。表2-11列出了1944年联大化学系应征入伍的毕业生名单。他们是联大化学系学生中舍身救国的典范,也为清华化学系的后辈们树立了榜样。

**表2-11 联大化学系应征入伍的毕业生名单(1944年)[②]**

| 第一批 | 张传麟 | 李振宁 | 金长振 | 黄克峰 | 夏培本 | 卢锡锟 | 官知义 |
|---|---|---|---|---|---|---|---|
| | 井绍文 | 陆启荣 | 程司淮 | 沈家驹 | 温功礼 | 陈廷彪 | 沈 驹 |
| 第二批 | 张大鹏 | 李瑞年 | | | | | |

联大化学系毕业生的第二个去向,就是加入中国共产党或其他左派组织,随后成为中国新民主主义革命的参与者或领导者。其中最杰出的代表是人们熟知的宋平同志。他于1935年考入清华化学系,1937年到长沙临大学习。这位曾任中共中央政治局常委的老革命家,在年近百岁时,还挂念着母校的发展,于2016年神采奕奕地来到他曾经上过课、做过实验的化学馆参观。图2-6是可敬可亲的老学长独自站在既熟悉又陌生的化学馆前的留影。

联大化学系毕业生中人数最多的第三部分人,从事的是最能发挥他们专业特长的科技、教育、文化事业。他们中的大多数人后来都成长为各自行业中的领军或中坚人物,对国家建设和社会进步做出了卓越贡献。在新中国建立后,他们之中被选聘或当选为中国科学院学部委员(院士)

---

① 清华大学化学系九十周年系庆筹备小组:《清华大学化学系建系九十周年纪念册》,66页,2016年。

② 清华大学校史研究室:《清华大学史料选编》第3卷(下册),495-497页,1994年。

图 2-6　校友宋平重回化学馆留影(2016 年)

和中国工程院院士的就多达 13 人。他们是：萧伦、朱亚杰、唐敖庆、曹本熹、申泮文、王世真、钱人元、黄培云、张滂、何炳林、陈茹玉(女)、钮经义、邹承鲁。这些校友及其他联大化学系名人的简历见 2.6 节。

## 2.5　科研工作

由于抗战时期艰苦的物质和经济条件,联大各系的科研工作都难以正常开展,化学系亦不例外。尽管其师资队伍的业务水平很高,但面对科研资金短缺、化学药品匮乏等诸多困难,大多数教师对开展科研工作感到束手无策。但来自清华的张青莲教授却不畏困难,跋涉前行。他与助手钱人元等人一道,利用从美国带回国内的材料和仪器进行重水实验,取得了重要的科研成果。重水亦称氧化氘(分子式:$D_2O$),可用作重水型核反应堆中的减速剂(慢化剂)和冷却剂。此项研究是当时国际化学界的热点课题,国内过去尚无条件开展。张先生由国外带回 100 毫升重水和石英比重瓶,使此项研究工作得以进行并取得了高水平的成果。1939—1944 年,张青莲在国内外共发表关于重水研究的论文 12 篇,其中两篇最重要的论文,分别发表在 1941 年的 *Journal of the American Chemical Society*(《美国化学会志》)和 1944 年的 *Science*(《科学》)杂志上。论文除总结了有关重水的近期研究成果外,还首次将测定重水密度时的温度提高到了50℃,并且纠正了当时文献中认为靠近此温度之下,重水密度有一最大值的错误假设。张青莲教授也因这些研究成果,在1943年获得了当时民国教育部的奖励。图2-7示出了当时教育部科研奖励评委会成员吴有训先生致函张青莲教授通报评奖情况的亲笔函件①②。

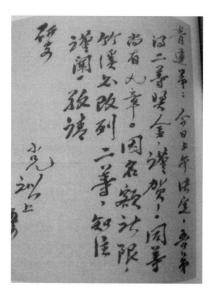

图2-7 吴有训致函张青莲通报评奖情况

另一位来自清华的张大煜教授也在艰难环境下坚持科研并顽强拼搏。抗日战争期间,张先生在西南联大任教并兼任中央研究院化学所(该所当时也在昆明)的研究员。他从基础研究转向石油、煤炭方面的能源技术研究,曾尝试过用植物油制造重要国防物资并将煤转化成油的方法,以期为抗日战争贡献力量。他利用云南丰产的褐煤,在昆明附近的宜良修建了一个从褐煤低温干馏提炼汽油的小型实验工厂(利滇化工厂),边实验边生产,历尽千辛万苦炼出了油。因人力、物力、财力等多方面的困扰,工厂最终被迫停办。张大煜先生"工业救国"的尝试虽然遭受了挫折,但这为他在新中国成立后创建我国第一个石油煤炭化学研究基地提供了最初的经验③。

---

① 尉志武,李兆陇:《清华化学历史人物》,62页,北京:清华大学出版社,2011年。
② 郭建荣:《国立西南联合大学图史》,172页,昆明:云南教育出版社,2007年。
③ 同①。

此外,联大化学系中由北大老师指导的研究生还开展了一些与战争环境或农村地区农民生活直接相关的课题研究。如为抑制甲状腺疾病在西南地区的流行,他们曾尝试在食盐中加碘;为了提高农产品价值,他们先后进行过利用竹子造纸、改进当地的甘蔗制糖工艺;他们还进行过制备防毒面具所需的活性炭等课题研究①。

## 2.6 部分知名系友名录(2)

**杨石先**(1897—1985),安徽怀宁人(蒙古族)。1918年毕业于清华学校,1922年获康奈尔大学硕士学位,1931年获耶鲁大学博士学位。曾任国立西南联合大学化学系主任、南开大学校长等职。著名化学家、教育家,主要研究领域为农药和元素有机化学。1955年选聘为中国科学院学部委员(院士)②。

**黄子卿**(1900—1982),广东梅县人。1921年毕业于清华学校。1924年获威斯康星大学理学学士学位,1925年获康奈尔大学化学硕士学位,1935年获麻省理工学院博士学位。物理化学家。毕生从事物理化学的教学和科研工作,在溶液理论和热力学方面的研究尤为突出。曾先后在清华大学化学系、国立西南联合大学化学系和北京大学化学系任教授,1955年选聘为中国科学院学部委员(院士)②。

---

① 易社强(John Israel):《战争与革命中的西南联大》,178页,北京:九州出版社,2012年。

② 尉志武,李兆陇:《清华化学历史人物》,北京:清华大学出版社,2011年。

第2章 抗战时期的西南联合大学化学系(1937—1946)

**蒋明谦**(1910—1995),四川蓬溪县人。1935年毕业于国立北京大学化学系,七七事变后在国立西南联合大学化学系任教。1940年考取清华大学,公费留学美国,1944年获伊利诺伊大学博士学位。有机化学家。1947年回国后长期从事理论有机化学方面的教学和科研工作,关于有机化学中的结构与性能定量关系的研究成果获1978年全国科学大会奖。1980年当选为中国科学院学部委员(院士)[①]。

**萧伦**(1911—2000),四川郫县人。1939年毕业于国立西南联合大学化学系,1951年获美国伊利诺伊大学博士学位,在博士论文中报导了新发现的钽-183、钽-185和钨-185等核素。放射化学家。1956年首次开设放射化学讲座,在中国发展核技术事业中指导了特种军用放射源及氢弹原料氚的研制,并长期从事民用放射性同位素的研究、开发、生产和应用工作。1980年当选为中国科学院学部委员(院士)[①]。

**朱亚杰**(1914—1997),江苏兴化人。1938年毕业于国立西南联合大学化学系,1949年获英国曼彻斯特大学硕士学位。回国后曾任清华大学化工系教授。知名能源化工专家。长期开展粉煤和油页岩流态化干馏研究工作,主持鲁奇低温干馏炉的恢复设计和改进,完成褐煤氧化制腐殖酸试验等。曾任中国能源研究会理事长、中国太阳能学会理事长。1980年和1994年分别当选为中国科学院学部委员(院士)和中国工程院院士[①]。

---

① 清华大学化学系八十周年系庆领导小组:《清华大学化学系八十周年系庆纪念册》,2006年。

**唐敖庆**(1915—2008),江苏宜兴人。1940年毕业于国立西南联合大学化学系,1949年获哥伦比亚大学博士学位。中国量子化学奠基人,理论化学家。20世纪50年代起进行有关分子内旋转的阻碍势函数及高分子反应动力学的统计理论研究;60年代后系统开展配位场理论的研究;70年代开展了分子氮络合作用的化学键理论研究;80年代主要进行分子固化理论和原子簇化学的研究工作。多次组织全国性专题研讨班,主持第一届至第四届全国量子化学会议。1955年选聘为中国科学院学部委员(院士)[①]。

**曹本熹**(1915—1983),上海人。1938年毕业于国立西南联合大学化学系,1946年获伦敦大学帝国理工学院博士学位。化学工程学家、教育家、中国核化工科技的奠基人之一。20世纪60年代起从事核燃料生产的科研、设计和工程建设、技术改造等的组织和领导工作。1946年参加创办清华化工系的工作并任首届系主任。1980年当选为中国科学院学部委员(院士)[①]。

**申泮文**(1916—2017),广东从化人。1940年毕业于国立西南联合大学化学系,后执教于南开大学。无机化学家。长期讲授无机化学课程,撰写并翻译出版了一批无机化学专著和教科书,为发展我国无机化学教育事业做出了贡献。长期从事金属氢化物化学的研究工作,以我国独特的方法合成了一系列离子型金属氢化物,包括硼和铝的复合氢化物,取得创新成果。1980年当选为中国科学院学部委员(院士)[①]。

---

[①] 清华大学化学系八十周年系庆领导小组:《清华大学化学系八十周年系庆纪念册》,2006年。

第 2 章　抗战时期的西南联合大学化学系(1937—1946)

**胡秉方**(1916—2000),江苏常熟人。1936年考入清华大学化学系,1940年毕业于国立西南联合大学化学系。农药化学家。1949年抗战胜利后曾任清华大学农业化学系副教授、北京农业大学(现中国农业大学)教授。20世纪80年代后历任中国农药学会理事、北京农药学会理事长等职①。

**王世真**(1916—2016),福建福州人。1938年毕业于国立西南联合大学化学系。1948年、1949年分别获爱荷华大学化学硕士、博士学位。核医学和放射性分析专家。1956年创办了中国第一个同位素应用训练班,1998年建立了我国最先进的回旋加速器中心,创建了同位素标记物合成、液闪测量、放免分析、医用活化分析、稳定核素医学应用、放免显像等技术,系统地进行了甲状腺激素的示踪研究。1980年当选为中国科学院学部委员(院士)②。

**黄培云**(1917—2012),福建福州人。1938年毕业于国立西南联合大学化学系,1945年获麻省理工学院科学博士学位。金属材料专家。创立了粉末压型理论和烧结理论,在合金相图计算、快速冷凝等诸多领域内取得了许多重大成果,对我国航空、航天、原子能和兵器工业的发展起到了重要作用。曾任中南大学副校长、湖南省科协主席。1994年当选为中国工程院院士②。

---

①　尉志武,李兆陇:《清华化学历史人物》,北京:清华大学出版社,2011年。
②　清华大学化学系八十周年系庆领导小组:《清华大学化学系八十周年系庆纪念册》,2006年。

清华时间简史：化学系（1926—1985）

**宋平**（1917—　），山东日照人。1935—1937年先后在清华大学化学系和长沙临时大学化学系学习。政治家。曾任中共中央政治局常委、中共中央组织部长等重要职务，是党和国家的优秀领导干部[①]。

**钱人元**（1917—2003），江苏常熟人。1940年在国立西南联合大学理化系任教，与化学系张青莲教授合作开展有关重水方面的科研工作。1943年留学美国，1948年回国后主要从事高分子物理和化学领域的研究工作。曾任中国科学院化学研究所所长等职。1980年当选为中国科学院学部委员（院士）[②]。

**张滂**（1917—2011），江苏南京人。1942年毕业于国立西南联合大学化学系，1949年获剑桥大学博士学位。有机化学家。多年致力于有机化学和有机合成的教学工作；20世纪50年代翻译出版了美国费塞尔夫妇合著的《有机化学》；80年代主编出版了《有机合成进展》。长期从事有机合成和天然产物的研究。1991年当选为中国科学院学部委员（院士）[②]。

---

① 尉志武，李兆陇：《清华化学历史人物》，北京：清华大学出版社，2011年。
② 清华大学化学系八十周年系庆领导小组：《清华大学化学系八十周年系庆纪念册》，2006年。

**何炳林**(1918—2007),广东番禺人。1942年毕业于国立西南联合大学化学系,1952年获美国印第安纳大学博士学位。高分子化学家,主要从事高分子化学研究与教学。最初的研究领域为离子交换树脂的合成及结构与性能分析。后期又在高分子负载金属催化方面开展研究,成功地将其应用于催化氢化和氢甲酰化等反应。1980年当选为中国科学院学部委员(院士)[1]。

**金道森**(1918—1993),湖北黄陂人。1936年考入清华大学化学系,1940年毕业于国立西南联合大学。有机化学家。长期从事有机硅化学和气体分离膜领域的研究工作,是我国合成润滑油、工作液及添加剂研究的开拓者。历任中国科学院兰州化学物理研究所合成润滑剂研究室主任、兰州化物所学术委员会副主任、中国化学会甘肃分会有机合成组组长等职,我国有名望的高分子材料专家[1]。

**焦瑞身**(1918—2009),河北平山县人。1936年考入清华大学化学系,1941年毕业于国立西南联合大学化学系,1953年获美国威斯康星大学博士学位。微生物学家。长期从事抗生素领域的研究工作,曾任上海植物生理研究所微生物室主任、中国微生物学会理事长等职[1]。

---

[1] 尉志武,李兆陇:《清华化学历史人物》,北京:清华大学出版社,2011年。

**左景伊**（1918—2006），湖南长沙人。1936年考入清华大学化学系，抗战时陆续在长沙临大化学系和重庆兵工专门学校大学部念书，1944年公费赴美学习。材料科学家。长期从事腐蚀与防护科学研究，其成果分别获得国家教委科技进步一等奖和二等奖。曾任中国腐蚀与防护学会首届副理事长、全国防腐蚀工程标准技术委员会副主任等职[①]。

**陈天池**（1918—1968），浙江诸暨人。1941年毕业于国立西南联合大学化学系，1946年公费留学美国，获路易斯安那州立大学博士学位。有机化学家。长期从事农药等元素有机化学方面的研究工作，其成果获国家新产品发明奖二等奖。曾任南开大学化学系副主任、元素有机化学研究所党支部书记兼副所长、国家科学技术委员会农药领导小组副组长等职[①]。

**曾广植**（1918—2015），湖南双峰人。1943年毕业于国立西南联合大学化学系，1948年赴美留学，1952年获俄亥俄大学硕士学位。有机化学家。主要致力于有机反应机理和药物化学的研究，长期在中国科学院上海有机化学研究所任研究员[①]。

---

① 尉志武,李兆陇:《清华化学历史人物》,北京：清华大学出版社,2011年。

## 第 2 章 抗战时期的西南联合大学化学系(1937—1946)

**王积涛**(1918—2006),江苏苏州人。1941年毕业于国立西南联合大学化学系,1943年公费留学美国,1949年获普渡大学博士学位。有机化学家。长期从事有机化学领域的教学和科研工作,编写的有机化学教材获1992年全国教材一等奖、国家教委教学一等奖。任南开大学化学系副主任职务多年。开发的对植物生长有促进作用的含钛微肥科研成果获1988年国家教委科技进步二等奖[①]。

**陈茹玉**(1919—2012),福建闽侯人。1942年毕业于国立西南联合大学化学系,1952年获美国印第安纳大学博士学位。有机化学家。长期在南开大学化学系任教并兼任有机化学教研室主任。主要从事有机磷化学及农药化学的教学与科研工作,在具有抗癌、抗病毒、除草等活性的有机磷化合物的合成、反应机理以及化学结构与生物活性关系等方面的科研都取得了重大成果。编著有《有机磷化学》等专著6部。1980年当选为中国科学院学部委员(院士)[②]。

**金湛**(1919—2007),江苏南通人。1939年考入国立西南联合大学化学系,1943年毕业。生物制药专家,高级工程师。曾长期担任上海生物化学制药厂技术科科长职务,20世纪50年代连续两届被评为上海市劳动模范。1979年被卫生部聘为85版药典委员会委员[①]。

---

① 尉志武,李兆陇:《清华化学历史人物》,北京:清华大学出版社,2011年。
② 清华大学化学系八十周年系庆领导小组:《清华大学化学系八十周年系庆纪念册》,2006年。

**钮经义**（1920—1995），江苏兴化人。1942年毕业于国立西南联合大学化学系，1953年获美国德克萨斯大学哲学博士学位。生物化学家。长期在中国科学院上海生理生化研究所工作，应用部分肼解和酶解的方法解决了烟草花叶病毒蛋白亚基C端排列中存在的问题。在人工合成胰岛素的研究中，对从制定合成方案到胰岛素B链的合成做出了贡献；在氨基酸的制取、合成方案的设计、肽段合成以及最终产物的分离、处理都做出了贡献。在国内首创用多肽合成方法合成了催产素。1980年当选为中国科学院学部委员（院士）[①]。

**李连仲**（1920—2010），河北唐山人。1945年毕业于国立西南联合大学化学系，1946—1949年在清华化学系任教。地质化学家。曾任中国地质学会理事，兼任地质测试专业委员会主任。创办《岩矿测试》刊物并担任多年的主编[②]。

**武永兴**（1921—　），山西文水人。1945年毕业于国立西南联合大学化学系。教育家。曾于清华大学化学系任教多年。长期从事教学研究和教材编写工作，曾任人民教育出版社副总编辑、教育部课程教材研究所所长等职[②]。

---

① 清华大学化学系八十周年系庆领导小组：《清华大学化学系八十周年系庆纪念册》，2006年。

② 尉志武，李兆陇：《清华化学历史人物》，北京：清华大学出版社，2011年。

## 第2章 抗战时期的西南联合大学化学系(1937—1946)

**杨凤**(1921—2015),云南丽江人(纳西族)。1945年从国立西南联合大学化学系毕业并考取了公派留美生,1951年毅然从美回国,投身新中国的建设。教育家、畜牧学家。曾任四川省科协副主席、四川农业大学校长、中国畜牧兽医学会副理事长和动物营养学会会长等职[①]。

**邹承鲁**(1923—2006),江苏无锡人。1945年毕业于国立西南联合大学化学系,1951年获英国剑桥大学生物化学博士学位。生物化学家。主要在中国科学院上海生理生化研究所从事科研工作,发现了纯化的细胞色素C与在线粒体结合时性质的差异;对呼吸链酶系的研究为我国酶学研究奠定了基础;在胰岛素人工合成中负责A链及B链的拆合,确定了合成路线;研究了蛋白质必需基团的化学修饰和活性丧失的定量关系公式和作图法;提出了关于酶作用不可逆抑制动力学理论和反应速度常数测定的新方法。1980年当选为中国科学院学部委员(院士)[②]。

**查瑞传**(1925—2001),天津人。1943年到国立西南联合大学化学系学习,1946年毕业后在清华大学化学研究所攻读研究生并担任助教工作。人口统计学家。自1950年起在中国人民大学任教,一直从事人口学的教学与研究工作。曾任中国人民大学人口研究所教授、博士生导师[①]。

---

① 尉志武,李兆陇:《清华化学历史人物》,北京:清华大学出版社,2011年。
② 清华大学化学系八十周年系庆领导小组:《清华大学化学系八十周年系庆纪念册》,2006年。

第3章

# 复员时期的清华化学系(1946—1948)

清华大学在抗战期间遭受了严重的破坏。抗战胜利后,学校先后委派陈岱孙、陈福田、张子高等教授来校处理接收和复员工作。经过将近一年的赶工维修,校舍得以初步恢复。1946 年 10 月 10 日,复员后的清华大学正式开学,11 月 5 日开始上课。全校设有文、理、法、工、农 5 个学院 26 个系。学生包括由昆明归来的 900 余人,临时从北平各大学调配来的 370 余人,再加上当年招考录取的人等,共 2300 余人; 教职工 700 余人。图 3-1 是 1946—1947 年度第二学期清华各系的学生人数统计表。92 人

民國三十五年度第二學期學生人數統計表

| 院別 | 系別 | 全系人數 | 全院人數 |
|---|---|---|---|
| 文學院 | 中國文學系 | 27 | |
| | 外國語文系 | 132 | |
| | 哲學系 | 20 | |
| | 歷史學系 | 45 | |
| | 語言人類學系 | 1 | 225 |
| 理學院 | 數學系 | 30 | |
| | 物理學系 | 95 | |
| | 化學系 | 92 | |
| | 生物學系 | 33 | |
| | 地學系 | 40 | |
| | 氣象學系 | 17 | |
| | 心理學系 | 8 | 315 |
| 法學院 | 政治學系 | 100 | |
| | 經濟學系 | 249 | |
| | 法律學系 | 5 | |
| | 社會學系 | 81 | |
| 工學院 | 土木工程學系 | 171 | |
| | 機械工程學系 | 257 | |
| | 電機工程學系 | 265 | |
| | 航空工程學系 | 146 | |
| | 化學工程學系 | 80 | |
| | 建築工程學系 | 14 | 933 |
| 先修班 | | | 179 |
| 研究生 | | | 25 |
| 總計 | | | 2112 |

資料來源:校長辦公處

图 3-1 复员初期的清华学生人数统计表

的化学系,单就学生数而论,在理学院内算大系,在全校范围内属中等规模的系①。

## 3.1 复员工作步履维艰

化学系在战前所有的图书及实验设备颇为完备,但卢沟桥事变发生后,全校整体南迁,日军侵入校园,将化学馆改为兵站病院,其中实验桌及其附属的水管、煤气管等一概拆除,仪器、化学药品均被掠走或毁坏。原本安装在馆内顶层的八台通风机和纯水蒸馏器,以及馆外的煤气炉和煤气箱亦被全部毁坏。总之,在接收时,化学馆仅剩一个残缺不全的煤气贮罐,此外则是空楼一座。战前南迁的物品,除部分运到昆明使用外,其余均存放于重庆北碚,不幸遭日军轰炸被焚,其中本系丧失的贵重物品,除精细天秤及各种标准仪器外,还有高崇熙教授花十余年心血制备成的各种化合物累计数百余瓶。

抗战胜利后,本系复员工作大体可分两个阶段。一为自昆明准备装箱托运从联大分得的物资,其中包括书籍五六十册,化学药品百余种,仪器数十台。二为回北平后的教学和其他后勤工作的筹备。此时所购仪器、药品皆系临时就地采购以应付急需,室内的实验桌及配套装备需重新配置。此外,馆内锅炉、水管、电线、门窗、卫生设备等的安装修复也耗费了不少精力。值得庆幸的是,经过不懈努力,到1946年秋季复员学期正式开学时,各类课程全都准时开出,所有的实验课均能给予学生充分的动手机会。如普通化学实验课甲、乙两班共三百余人,甲班每周三次,乙班每周一次,均能获得个人单独的实验训练。次年春季,又开出了定性分析实验课,且通过将常量分析改进为半微量,使药品耗量减少了80%～90%。至于定量分析与有机化学的部分及理论化学的全部实验,其内容和要求均设法达到了战前的标准。图书部分则以自昆明运回的图书为基础,加上复员后自国外所订十余种新杂志,归并组成了一个小图书室供师生阅览。还有一事值得提及:七七事变后、南迁前,化学系寄存在北平花旗银行库内的白金仪器(包括蒸发皿、坩埚、电极、丝、箔等)共计四十件,

---

① 《清华周刊》,复刊第10期,1947年。

重约六七百克,全数收回无缺,时价甚高,此乃不幸中之幸事也①。

令人不胜敬佩的是时任系主任高崇熙先生在复员工作中所做的突出贡献。他忠职敬业、不辞劳苦、废寝忘食的实干精神,是化学系晚辈们学习的楷模。据李连仲回忆:"化学系复员工作的重头戏,就是整理和修复被日寇弄得破烂不堪的化学馆。正是高先生亲自带领我、周昕、武永兴三位年轻的助教,从清理杂物开始,直至完成修理门窗,铺设实验台桌,分类整理化学药品及图书杂志,总共经历了一个多月的日夜苦战,终于使化学馆又重新焕发出青春活力,有了可用的实验室、办公室和小图书室"②。

尽管在全系师生员工的共同努力下,清华化学系的教学秩序和各方面工作得以基本恢复,但要进一步提高水平和质量,还有许多具体工作需落实,如学术刊物的进一步补充、煤气炉的复建、更多仪器和药品的添置等,在整体经济状况不佳、通货膨胀日益严重的形势下,复员便是一条崎岖的漫漫长路。

## 3.2 复员时期的化学系简况

### 3.2.1 师资队伍

化学系的复员阶段虽然时间不长,但教授多为国内知名学者,可称为本系早期历史上一段人才济济的时期。除了高崇熙、黄子卿、张青莲三位名教授直接从西南联大返回清华继续任教外,张子高先生在1945年日寇投降后,亦立即应邀参加了清华大学校产接收委员会的工作,重返清华化学系任教。表3-1列出了1947年1月28日公布的化学系教职员名册,总教员人数已近20人。不久后,严仁荫、冯新德两位知识渊博的教授又应高崇熙系主任邀请,分别于1947年8月和1948年9月先后受聘化学系。

---

① 清华大学校史研究室:《清华大学史料选编》(第四卷),42页,北京:清华大学出版社,1994年。

② 周蕊等:《继往开来,再展宏图——庆祝清华大学化学系成立七十周年暨复系十周年》,40页,1996年。

表 3-1　清华化学系 1947 年的教职员名册[①]

| 职　务 | 人　员 |
|---|---|
| 教授兼系主任 | 高崇熙 |
| 教授 | 张子高　黄子卿　萨本铁*　张青莲　李卓浩* |
| 副教授 | 朱汝瑾* |
| 专任讲师 | 张为申（上学期请假） |
| 教员 | 郑仁圃 |
| 助教 | 周昕　李连仲　武永兴　查瑞传 |
| 助理 | 金德良 |
| 书记 | 王志宣　王志宽 |
| 练习生 | 刘崇善　蒋保山　冯涌恩 |

注：*为尚未到校者。

作为一位高瞻远瞩的教育家，高崇熙先生并不满足于现有的师资，还委托黄子卿教授在国内外物色了一些知名化学家，准备要求由学校出面，邀请他们来化学系加盟。表 3-2 和图 3-2 示出的是清华大学档案馆保存的一份化学系拟定的学术带头人名单。尽管此规划最后并未能完全实施，但仍足见高崇熙先生胸怀的宏图大略。

表 3-2　化学系在复员期间拟引进的学术带头人

| 姓名 | 时任职务 | 在学术上的贡献要点 |
|---|---|---|
| 侯德榜 | 永利总工程师 | 制造碱（soda）有特殊成绩，又对于制氨厂之设计有新意 |
| 萨本铁 | 加利福尼亚大学教师 | 对维生素 C 和 K 发明了新的合成方法，对于有机物的分析方法贡献甚多 |
| 吴　宪 | 卫生署 | 对于蛋白质之变性作用，有颇多的研究著作 |
| 莊长恭 | 北平研究院研究员 | 对于 Ergosterol 类物质的合成有贡献 |
| 吴学周 | 中央研究院化学研究所所长 | 对于 Cyanogen 类物质的光谱学有贡献 |
| 纪育沣 | 北平研究院研究员 | 对于吡啶类化合物的合成有贡献 |
| 曾昭抡 | 北大教授 | |
| 钱思亮 | 北大教授 | |

注：资料来源为清华档案馆。

---

[①] 清华大学校史研究室：《清华大学史料选编》（第四卷），420 页，北京：清华大学出版社，1994 年。

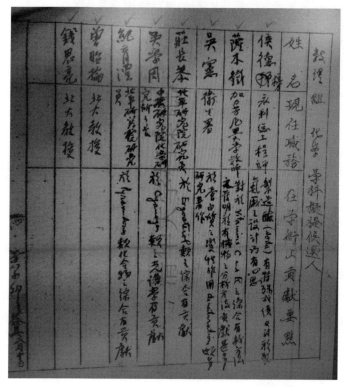

图 3-2　复员时期化学系拟定的化学学科带头人名单(原件)
（资料来源：清华档案馆）

### 3.2.2　人才培养

化学系在教员陆续应聘到岗，教室、实验室、化学药品、图书资料等物质条件基本准备就绪的情况下，一年一度的本科生和研究生的招考工作便能正常地进行了。但由于招收研究生的导师需要有具体的科研课题，而课题的确定又需要有较长时间的调研和物质准备，故在这一时期，研究生的招生规模不大，仅招收了查瑞传、郑志清、赵广绪三名硕士研究生。表3-3和表3-4分别列出了这一时期学生的入学考试科目和招生及毕业人数。图3-3示出的是1948年化学系的师生合影照。

## 第3章 复员时期的清华化学系(1946—1948)

**表 3-3　化学系 1947 年入学(或转学)考试科目表**[①]

| 本科生一年级入学考试 | 本科生三年级转学考试 | 硕士生入学考试 |
|---|---|---|
| 国文 | 国文 | 国文 |
| 英文 | 英文 | 英文(作文及翻译) |
| 数学(解析几何、高等代数、三角) | 普通化学及定性分析 | 无机化学及分析 |
| 史地 | 定量分析及工业分析 | 有机化学及分析 |
| 物理 | 大学物理 | 物理化学 |
| 化学 | 微积分 | 化学德文 |

**表 3-4　化学系复员时期的学生人数统计表**

| 学生情况 | 人数/人 | | |
|---|---|---|---|
|  | 1946 年 | 1947 年 | 1948 年 |
| 本科一年级新生[②] | 34 | 32 | 10 |
| 本科二年级转学生[③] | 14 | 2 | 0 |
| 本科三年级转学生[③] | 5 | 0 | 0 |
| 本科四年级转学生[③] | 1 | 0 | 0 |
| 本科毕业生[④] | 21 | 6 | 12 |
| 录取的硕士研究生[⑤] | 0 | 1 | 2 |

图 3-3　1948 年全校师生大会中的化学系队伍(前排右起:张青莲、张子高、高崇熙、黄子卿,照片由张中岳提供)

---

①　清华大学校史研究室:《清华大学史料选编》(第四卷),247-252 页,北京:清华大学出版社,1994 年。

②　清华大学校史研究室:《清华大学史料选编》(第四卷),459-471 页,北京:清华大学出版社,1994 年。

③　清华大学校史研究室:《清华大学史料选编》(第四卷),476-482 页,北京:清华大学出版社,1994 年。

④　清华大学校史研究室:《清华大学史料选编》(第四卷),488-490 页,北京:清华大学出版社,1994 年。

⑤　清华大学校史研究室:《清华大学史料选编》(第四卷),485-487 页,北京:清华大学出版社,1994 年。

### 3.2.3 课程设置

化学系复员时期开设的课程与战前基本相同,也增开了一些新课,如微量有机分析、高等无机实验、无机制备等。表 3-5 和表 3-6 分别列出了化学系(所)本科生和研究生的主要学(课)程表[①]。

**表 3-5 理学院化学系本科生必修学(课)程一览**

第一年级

| 学程号数 | 学程名称 | 每周时数 | | | | | 学分 |
|---|---|---|---|---|---|---|---|
| | | 学期 | 演讲 | 讨论 | 实验次数 | 每周实验时数 | |
| 中 101-102 | 国文 | | 3 | | | | 6 |
| 外 101-102 | 英文(1) | | 5 | | | | 6 |
| 史 101-102 | 中国通史 | | 3 | | | | 6 |
| 数 103-104 | 微积分 | | 4 | | | | 8 |
| 化 101-102 | 普通化学 | | 3 | | | | 5 |
| 化 101-102 | 普通化学实验 | 上 | | | 3 | 3 | 3 |
| 化 106 | 定性分析 | 下 | 1 | | 3 | 3 | 4 |
| | 三民主义 | | | | | | |
| | 体育 | | 2 | | | | |

第二年级

| 学程号数 | 学程名称 | 每周时数 | | | | | 学分 |
|---|---|---|---|---|---|---|---|
| | | 学期 | 演讲 | 讨论 | 实验次数 | 每次实验时数 | |
| 化 121 | 定量分析 | 上 | 2 | | 3 | 4 | 5 |
| 化 122 | 工业分析 | 下 | 1 | | 3 | 4 | 4 |
| 物 101-102 | 普通物理学 | | 3 | | 1 | 3 | 8 |
| 经 101-102 | 经济学概论 | | 3 | 1 | | | 6 |
| | 选修 | | | | | | 5~17 |
| | 伦理学 | | | | | | |
| | 体育 | | 2 | | | | |

第三年级

| 学程号数 | 学程名称 | 每周时数 | | | | | 学分 |
|---|---|---|---|---|---|---|---|
| | | 学期 | 演讲 | 讨论 | 实验次数 | 每次实验时数 | |
| 化 131-132 | 有机化学 | | 3 | | 2 | 3 | 10 |
| 化 133-134 | 物理化学 | | 3 | | 2 | 3 | 10 |
| | 选修 | | | | | | 8~20 |
| | 体育 | | 2 | | | | |

---

① 清华大学校史研究室:《清华大学史料选编》(第四卷),320 页,北京:清华大学出版社,1994 年。

续表

第四年级

| 学程号数 | 学程名称 | 每周时数 | | | | | |
|---|---|---|---|---|---|---|---|
| | | 学期 | 演讲 | 讨论 | 实验次数 | 每次实验时数 | 学分 |
| 化141 | 有机分析 | 上 | 1 | | 2 | 3 | 3 |
| 化143-144 | 化学原理 | | 2 | | | | 4 |
| 化工111-112 | 工业化学 | | 3 | | | | 6 |
| 化145-146 | 毕业论文 | | | | | | 4 |
| | 选修 | | | | | | 11~23 |
| | 体育 | | 2 | | | | |

表3-6 化学研究所硕士生选修学(课)程一览

| 学程号数 | 学程名称 | 每周时数 | | | | | |
|---|---|---|---|---|---|---|---|
| | | 学期 | 演讲 | 讨论 | 实验次数 | 每次实验时数 | 学分 |
| 化201 | 高等无机化学-1 | | 2 | | | | |
| 化202 | 高等无机化学-2 | | 2 | | | | |
| 化203 | 高等有机化学-1 | | 2 | | | | |
| 化204 | 高等有机化学-2 | | 2 | | | | |
| 化205 | 高等有机化学-3 | | 2 | | | | |
| 化206 | 高等有机化学-4 | | 2 | | | | |
| 化227-228 | 高等分析化学 | | 1 | | 2 | 3 | |
| 化231 | 有机反应 | | 2 | | | | |
| 化233-234 | 有机制备 | | | | 2~4 | 3 | |
| 化235-236 | 生物化学 | | | | | | |
| 化237 | 微量化学 | | 2 | | | | |
| 化241 | 高等理论化学-1 | | 2 | | | | |
| 化242 | 高等理论化学-2 | | 2 | | | | |
| 化255-256 | 化学德文 | | 3 | | | | |
| 化301-302 | 研究论文 | | | | | | |

## 3.3 爱国运动

日本投降后,国民党政府冒天下之大不韪,在美国支持下,挑起了全面内战。1947年夏,解放军开始由战略防御转入战略进攻,使得国民党军队节节败退。在国民党统治区内,由于通货膨胀,货币大幅贬值,老百姓生活苦不堪言。于是在清华园内,乃至全国各地的高校中,一场"反饥饿、反内战、反迫害"的爱国运动风起云涌。化学系的不少老师和学生都从不同的渠道,积极投身到这场运动中。

当时,系主任高崇熙先生虽然没有跟着学生进城去参加游行和各种抗议活动,但他对时局的忧虑以及对国民党政权的不满情绪却不时地在言行中流露和宣泄出来。他抱怨说:"因为经费困难,处处感到棘手。战前清华化学系每一年可以五千元购图书,五千元买药品,五千元置仪器。但复员以后,经费枯竭,药价又飞跃般上涨。比方说,抗战前每磅苯试剂值一块多钱,最近卖到五十多万……"①。高老师为人耿直,有时甚至在课堂上公开抨击国民党统治下的弊端。据校友许心文回忆:"记得有一次上课时,高老师从衣服口袋里拿出一个小闹钟,往讲台上一摆说道,现在物价飞涨,手表卖了,只剩下这个钟了。今天只能讲15分钟的课,我还要进城去办事,为系里弄点钱。高老师视系如家,为办好化学系可谓耗尽了心血"②。

像高崇熙先生这样的人,属于"反饥饿、反内战、反迫害"运动中的温和派,大多数地位比他更低的教职员或年轻的学生,则属于这场运动中的激进派。他们大都纷纷采取发表联合声明、写公开抗议信、参加游行示威等比较激烈的行动,直接对抗国民党当局。比如,为争取合理待遇,由清华大学讲师、教员、助教联合会等七单位,公开发表告社会人士书。书中写到:"我们,北京大学、清华大学和北平研究院的讲师、助理研究人员、教员、助教、职员、技工和工警等同人,为了争取立即合理改善待遇,已决定从(1948年)四月六日起,一致罢教、罢研、罢工三天。谨以沉重悲愤的心情,向社会陈诉苦衷和理由。我们这样做,完全是'势破出此'"③。众多的历史事实表明,清华的广大教职员工,虽关心自身的切身利益,但更重视国家和民族的长远利益,当两者发生冲突时,他们会毫不犹豫地选择后者。又如,当美国政府实施扶日政策,损害中国的整体利益时,以张奚若、吴晗、朱自清、何东昌等知名人士领头的百余清华教师,于1948年6月发表严正声明:"为反对美国政府的扶日政策,为抗议上海美国总领事卡宝德和美国驻华大使司徒雷登对中国人民的诬蔑和侮辱,为表示中国人民的尊严和气节,我们断然拒绝美国具有收买灵魂性质的一切施舍物资,无论是购买的或给予的。下列同人同意拒绝购买美援平价面粉,一致

---

① 葛兆光:《走进清华》,117页,成都,四川人民出版社,2000年。
② 周蕊等:《继往开来,再展宏图——庆祝清华大学化学系成立七十周年暨复系十周年》,42页,1996年。
③ 《清华旬刊》,第7期,1948年4月13日。

退还配购证,特此声明。"图 3-4 示出了该"声明"的百余签名者,化学系的周昕老师也在此严正声明的签字教员名单中①。

图 3-4　清华百十师长联名反对美国的扶日政策

清华校园内外的各种"反饥饿、反内战、反迫害"运动的实况,主要通过当时学生自治会编辑出版的《清华周刊》《清华旬刊》《清华新闻》等书面媒体向北平市乃至全国各地进行报导,图 3-5 列举出了当时作为清华宣传喉舌的五种学生会出版物。摇摇欲坠的国民党政权对上述宣传媒体恨之入骨。如《清华周刊》于 1947 年 2 月 9 日复刊后,在中共地下党组织领导的学生运动中发挥了很好的宣传鼓动作用,特别是在北平各大学校及知识界中有相当大的影响力。因此它的复刊深深地刺痛了地方政府的神经,于是从复刊号算起,只出版了 17 期就被扼杀了。同年 9 月 25 日,北平市政府下令将《清华周刊》列为禁刊,勒令其停止出版。但进步学生并未被禁令吓倒,而是采取针锋相对的措施与对手周旋:禁了《清华周刊》就改出《清华旬刊》;再禁了《清华旬刊》,又改出《清华年刊》。

化学系的同学在上述斗争中表现不俗。例如,郑用熙(1950 届毕业生)是当时清华学生会下属学艺部的四位理事之一,《清华周刊》的编辑和出版工作由该部直接领导。周刊被禁后,学艺部理事毛俊达、杨春曜、郑用熙(兼任《清华周刊》编委)、裘光明一起研究了几次,召集清华各社团代表座谈征求意见,同时在大饭厅公开讨论解决方法。在未决定改为

---

① 《清华旬刊》,第 11 期,1948 年 6 月 24 日。

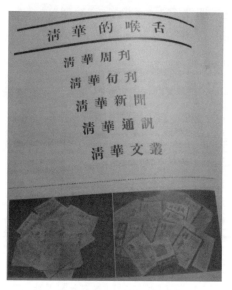

图 3-5 清华进步学生的宣传喉舌

(引自《清华年刊》,1948 年)

出版《清华旬刊》之前,还暂时出了几期油印的《清华周刊》①。

化学系校友朱世鈜(1949 届毕业生)也是这场爱国运动中默默无闻的斗士之一。他与社会学系的张祖道、孙同丰两位同学一道,在 1946 年复员后组织了一个名为"周末摄影社"的摄影小组,除拍摄一些校园风景照片来丰富同学们的课余生活外,主要是用相机作武器,支持同学们参加的各种爱国运动。朱世鈜家住北平,不仅有自己的相机,还因为是化学专业的学生,对冲洗胶卷等暗房技术也相当内行,成为周末摄影社的骨干。该社拍摄了大量揭露军警暴行,颂扬爱国者勇敢参与各类"反饥饿、反内战、反迫害"活动的照片②。

北平解放前夕,在清华园内,除了上述公开反对国民党腐朽统治的进步学生组织外,还暗藏着一支从事地下活动的共产党员队伍,他们的行为多神秘莫测,鲜为人知,但对国民党政权的打击力度更加致命。据有关资

---

① 清华大学校史研究室:《清华革命先驱》(下册),1241 页,北京:清华大学出版社,2004 年。

② 贺美英等:《峥嵘岁月——解放战争时期清华校友足迹》,283 页,北京:清华大学出版社,2008 年。

## 第3章 复员时期的清华化学系(1946—1948)

料的不完全统计,从1946年9月清华大学回到北平复员至1948年年底清华园解放,中共清华大学地下党组织累计党员416名,其中"南系"地下党员[指从昆明、上海等地来清华的新、老学生中的党员,受中共中央南京局(后改称"上海局")领导]234名,"北系"地下党员[指从北平各大学及平津一带来清华学习的新、老学生中的党员,受中共晋察冀中央局(后称"华北局")领导]182名,与刚复员时相比,地下党员总数增加了7~8倍①。

清华化学系这一时期的党员也不少。属"南系"的地下党员有:陈图南、王政人、王珉、宋林屏、陶炳伦、刘佩云、郑用熙、叶于浦、黄培正、欧阳渊、徐昉(杨川之)、龚育之、李救功;属"北系"的地下党员有:金秉慧、齐顺章、孙公能、刘涛(王文郅)、沈其丰、林济猷、杨淑慧。这里要说明的是,陈图南、宋林屏(宋季芳)、刘佩云、黄培正、欧阳渊、徐昉(杨川之)、杨淑慧几位党员的名字,在清华化学系毕业生的名册中并未查到,这很可能是因为革命工作的需要,他们未到毕业便提前离开了学校。人们没有理由因此怀疑他(她)们的清华化学系学生身份,比如,他(她)们中的欧阳渊、杨川之两位系友,1996年还曾回母校参加过化学系建系七十周年的庆祝活动(见图3-6)。化学系的这批地下党员,不仅在校期间表现非凡,离校之后在各行各业中做出的贡献亦很耀眼。表3-7列出了他们的简况。

图3-6 清华化学系建系七十周年(1996年)之际,部分系友在静斋北侧合影
(左起:欧阳渊、徐康、陈慧英、郑用熙、增英伦、张青莲、周昕、蔡孟深、杨川之、叶于浦)

---

① 清华大学校史研究室:《清华革命先驱》(上册),265页,北京:清华大学出版社,2004年。

表 3-7 复员时期清华化学系学生中的中共地下党员简介[2]

| 姓名 | 性别 | 出生年月 | 籍贯 | 在系时间/年 | 附 注 |
|---|---|---|---|---|---|
| 黄培正 | 男 | 1923年3月 | 福建永定 | 1946—1948 | 曾在国家计委工作 |
| 欧阳渊 | 男 | 1923年3月 | 湖南平江 | 1946—1948 | 曾任煤炭化学所党委书记 |
| 刘涛（王文郅） | 男 | 1923年5月 | 河北邯郸 | 1946—1948 | 曾任西安113厂科技委副主任 |
| 孙公能 | 男 | 1924年3月 | 江苏张家港 | 1946—1948 | 曾任北京市安全局高工 |
| 刘佩云 | 女 | 1924年11月 | 湖北汉阳 | 1946—1948 | 曾在武汉石油化工厅工作 |
| 杨淑慧 | 女 | 1925年3月 | 河北向阳 | 1946—1949 | 曾在北京出版社工作 |
| 陶炳伦 | 男 | 1925年4月 | 广东番禺 | 1946—1950 | 曾任北京市一轻局总工程师 |
| 齐顺章 | 男 | 1925年12月 | 河北昌黎 | 1946—1950 | 曾任北京农业大学教授 |
| 叶于浦 | 男 | 1926年8月 | 福建福州 | 1946—1950 | 曾任北大化学系教授 |
| 金秉慧 | 女 | 1926年9月 | 北平(京) | 1946—1947 | 曾任地质部矿物所研究员 |
| 郑用熙 | 男 | 1927年7月 | 浙江台州 | 1946—1950 | 曾任清华化学系教授 |
| 宋林屏（宋季芳） | 女 | 1927年7月 | 云南石屏 | 1946—1948 | 曾任北京化学工业总公司副总工程师 |
| 李敉功 | 男 | 1927年10月 | 湖南宁乡 | 1948—1952 | 曾在北京钢铁学院任教 |
| 沈其丰 | 女 | 1927年10月 | 湖南长沙 | 1946—1950 | 曾任北京农业大学教授 |
| 陈图南 | 男 | 1927年10月 | 上海 | 1946—1947 | 曾在解放军总参谋部工作 |
| 王政人 | 男 | 1928年11月 | 江苏金坛 | 1947—1949 | 曾任北京出版社副总编 |
| 徐昉（杨川之） | 女 | 1929年7月 | 浙江慈溪 | 1946—1948 | 曾任天津商业部副局级干部 |
| 林济猷 | 男 | 1929年8月 | 广东信宜 | 1947—1951 | 曾任中国矿业大学副教授 |
| 龚育之 | 男 | 1929年12月 | 湖南湘潭 | 1948—1952 | 曾任中共中央宣传部副部长 |
| 王珉 | 女 | 1929年12月 | 浙江海盐 | 1946—1950 | 曾任化工部副部长 |

---

[2] 清华大学校史研究室：《清华革命先驱》(上册)，316页，北京：清华大学出版社，2004年。

# 第4章
# 新中国成立初期的清华化学系(1948—1952)

## 4.1 迎接清华园的解放

1948年11月2日,解放战争的辽沈战役胜利结束,东北全境获得解放。紧接着淮海战役又不断传出解放军节节胜利的战报。此时盘踞在北平的国民党傅作义部队,如热锅上的蚂蚁焦躁不安,正准备与解放军决一死战。

12月12日(星期日)晚,清华周末回家的北平同学从城里返校时对大家说:外面都是傅作义的兵,他们从清华园火车站下车后,穿过清华园(由南门到西门)向西山方向转移。同学们议论纷纷:"看来,我们快要解放了!"但是谁也没想到,第二天12月13日(星期一)上午,化学系1952届同学正在化学馆听张子高老师讲普通化学课,刚上完第一小节时,就听到从校园北边远处传来枪声。先是辨不大清楚的低声,讲课还在继续,忽然听到一声更强的炮声,张老先生吃了一惊,手中的粉笔都掉到地上了。解放军真是天兵天将,顷刻间就从东北杀到了北平,其先头部队已挺进西山、沙河一带。同学们兴奋不已,大家无心上课,都跑到楼房顶上想看个究竟①。当天下午全校停课了,化学馆东面的学生宿舍,如善斋、平斋、明斋、新斋等均已是人去楼空。为了防止敌人搞破坏,在地下党员的带领下,全校师生员工立刻组织起来,成立了校园巡防委员会,保卫清华园,迎接解放。该委员会除了负责看守各系的系馆外,还派人轮流到宿舍楼中去巡逻。

当晚,一支国民党炮兵闯进清华园,先要求在宿舍房顶上架炮,遭校方拒绝;随后他们又以气象台为制高点,化学馆作屏障,企图把炮位设在

---

① 清华大学化学系九十周年系庆筹备小组:《清华大学化学系九十周年纪念册》,94页,2016年。

清华时间简史：化学系(1926—1985)

化学馆和生物馆间的大片空地上，坑都挖好了，但立马又遇到学生纠察队及大批同学的包围与抗议。此时的化学馆首当其冲，化学系的同学更是冲锋在前，1951届的地下党员王政人马上站出来，将班上及系里的部分同学(其中有校友赵慕愚)组织起来，临时住进化学馆，以阻止敌人可能实施的破坏活动①。

与此同时，解放军从沙河、清河一带向清华推进。当发现清华园已在他们的炮火射程之内时，他们为了保护清华大学和燕京大学，遵照上级的指示立即停止了火炮的发射，在圆明园内用刺刀和国民党的军队展开肉搏，为此牺牲了300多名战士。后来有同学到圆明园，看见沙土上染满了鲜血，忍不住热泪盈眶，才知道解放军为保护清华园付出了多么沉痛的代价！随后国民党炮兵感到大势已去，连夜急急忙忙和其他溃军一起逃回了城里②。到12月14日清晨，国民党炮兵已完全撤离清华园，清华、燕京一带处于"真空状态"。12月15日，解放军进驻海淀，清华园先于北平城区获得了解放③。

12月17日，解放军13兵团政治部主任刘道生来校，与清华大学秘书长沈履、教授代表周培源及教职工和学生代表交谈。同日清华大学召开第95次校务会议，公推冯友兰为临时主席。12月18日，刘道生主任在清华大学西门张贴布告："为布告事，查清华大学为中国北方高级学府之一，凡我军政民机关一切人员，均应本我党我军既定爱护与重视文化教育之方针，严加保护，不准滋扰，尚望学校当局及全体同学，照常进行教育，安心求学，维持学校秩序。特此布告，俾众周知！"图4-1示出了该布告的原照。

12月19日傍晚，一架国民党军机飞到清华大学和燕京大学上空绕了几圈后，一连投下了几枚炸弹。炸弹落在两校校园的空地上，有的没有炸，有的仅炸出个不大的土坑。虽然炸弹既没伤到人，也未毁坏建筑物，但这最后一炸激起了广大师生极度的愤慨，也炸掉了在少部分师生中对

---

① 周蕊等：《继往开来，再展宏图——庆祝清华大学化学系成立七十周年暨复系十周年》，47页，1996年。

② 清华大学校史研究室：《清华大学史料选编》第五卷(上)，51页，北京：清华大学出版社，2001年。

③ 清华大学校史研究室：《清华大学九十年》，159页，北京：清华大学出版社，2001年。

## 第4章 新中国成立初期的清华化学系(1948—1952)

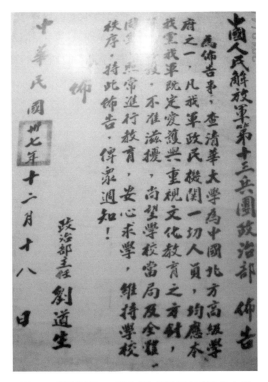

图4-1 解放军第13兵团政治部关于保护清华大学的布告(1948年12月18日)

国民党可能存在的最后一丝幻想。

北平城快要解放了,大批同学都准备进城服务。几天后,在地下党组织和学生自治会的领导下,全校组织了一个迎接解放服务委员会,下设宣传部、联络部、生活部、总务部、秘书处,并把全校同学编成五个大队(相当于每个学院一个大队),每个大队又分为六七个中队,每个中队再设三个小队。当时全校学生有一千八九百人,参加服务工作的同学有1821人,占全校学生的95%以上。化学系一二年级的学生编为一个中队,自命名为"尖兵中队",中队长是龚育之(地下党员),其下一小队的小队长是李敉功(地下党员)。化学系三四年级的学生则编入18中队(野火中队)①。

---

① 清华大学化学系九十周年系庆筹备小组:《清华大学化学系九十周年纪念册》,95页,2016年。

1948年的最后一天,化学系的同学们在化学馆包饺子庆祝新年,一起听新华社广播的元旦社论《将革命进行到底》,一些老师也来参加了这个小型的庆祝会。此后,清华大学及清华化学系的历史,就将翻开新的一页。图4-2所示为行进中的清华大学迎接解放之服务大队的队伍。图4-3是化学系1950级系友叶于浦与其珍藏的野火中队队旗的合照。

图4-2　行进中的清华大学迎接解放之服务大队的队伍

图4-3　1950届系友叶于浦及其珍藏的野火中队队旗

## 4.2 师资队伍

1949年后,随着本系和全校学生人数的扩大,各类化学课程的教学任务相应增加,促使化学系的教职员工队伍也从复员时期的20人左右快速上升到30余人。表4-1列出了1952年2月清华人事室公布的化学系教职员工名单。从表列资料可见,人员的变化较大。首先是系主任职务,因1950年高崇熙先生离校休假,由张子高先生兼任。其次,在教授岗位上,除了黄子卿、张青莲、严仁荫、冯新德等资深学者继续任教外,还聘了兼职教授张龙翔和黄新民。此外,众多的德才兼备的本系优秀毕业生充实到了助教的队伍中,职工成员也添了不少新人。所有这些都为清华化学系的进一步发展提供了十分有利的师资条件。

表4-1　1952年化学系师资队伍简况[①]

| 职别 | 姓名 | 性别 | 年龄 | 籍贯 | 住址 |
|---|---|---|---|---|---|
| 教授兼主任 | 张子高 | 男 | 66 | 湖北枝江 | 照澜院5号 |
| 教授 | 黄子卿 | 男 | 53 | 广东梅县 | 照澜院8号 |
| 教授 | 张青莲 | 男 | 44 | 江苏常熟 | 北院15号乙 |
| 教授 | 严仁荫 | 男 | 43 | 天津 | 新林院32号甲 |
| 教授 | 冯新德 | 男 | 36 | 江苏吴江 | 新林院12号乙 |
| 兼任教授 | 张龙翔 | 男 | 37 | 浙江吴兴 | 北京大学化学系 |
| 兼任教授 | 黄新民 | 男 | 39 | 福建清流 | 北京中央教育部 |
| 副教授 | 唐有祺 | 男 | 32 | 江苏南汇 | 甲所 |
| 讲师 | 魏娱之 | 女 | 37 | 浙江杭州 | 新林院53号乙 |
| 讲师 | 张黯 | 男 | 31 | 天津 | 西院37号乙 |
| 讲师 | 周昕 | 男 | 31 | 天津 | 工字厅213号 |
| 助教 | 唐嗣霖 | 男 | 33 | 湖南衡阳 | 普吉院44号甲 |
| 助教 | 关祖京 | 男 | 30 | 广西苍梧 | 普吉院12号乙 |
| 助教 | 张昌明 | 男 | 38 | 江苏吴县 | 怡春院11号 |
| 助教 | 薛华 | 女 | 32 | 江苏江阴 | 海淀老虎洞32号 |
| 助教 | 赵国玺 | 男 | 25 | 云南昆明 | 36所20号 |
| 助教 | 徐康 | 男 | 24 | 江苏武进 | |
| 助教 | 郑用熙 | 男 | 25 | 浙江黄岩 | 36所6号 |

---

① 清华大学校史研究室:《清华大学史料选编》第五卷(下),723页,北京:清华大学出版社,2005年。

续表

| 职别 | 姓名 | 性别 | 年龄 | 籍贯 | 住址 |
|---|---|---|---|---|---|
| 助教 | 张永巽 | 女 | 30 | 山东荣成 | 西院 37 号乙 |
| 助教 | 叶于浦 | 男 | 26 | 福建福州 | 36 所 20 号 |
| 助教 | 陈慧英 | 女 | 24 | 浙江绍兴 | 古月堂 21 号 |
| 助教 | 叶秀林 | 男 | 25 | 福建闽侯 | 36 所 1 号 |
| 助教 | 朱永䏲 | 男 | 23 | 安徽泾县 | 善斋 534 号 |
| 助理 | 金德良 | 男 | 53 | 北京 | 成府槐树街 9 号 |
| 书记 | 陈鸿书 | 女 | 31 | 辽宁沈阳 | 海淀军机处 2 号 |
| 书记 | 冯涌恩 | 男 | 22 | 北京 | 成府北河沿 9 号 |
| 书记 | 张少成 | 男 | 27 | 河北静海 | 北京朝内南豆芽菜胡同 26 号 |
| 练习生 | 薛明月 | 男 | 21 | 河北定县 | 三才堂 28 号 |
| 普通工 | 刘 山 | 男 | 50 | 北京 | 蓝旗 81 号 |
| 普通工 | 王砚田 | 男 | 36 | 山东南皮 | 三才堂 23 号 |
| 普通工 | 王汉臣 | 男 | 42 | 河北三河县 | 清华园 11 号 |
| 普通工 | 李耀霖 | 男 | 20 | 北京 | 水磨村西街 1 号 |

## 4.3 人才培养

清华大学自复员以来,特别是 1949 年后,规模不断扩大,表 4-2 和图 4-4 统计出了截至 1950 年 11 月的全校师生员工总人数。从各系学生的分布情况看,化学系不足百人(83 人),在清华属中等规模的系。

表 4-2 1950 年 11 月的清华大学师生员工人数统计表[①]

| 人员类型 | 人数/人 | 人员类型 | 人数/人 | 人员类型 | 人数/人 |
|---|---|---|---|---|---|
| 教师 | 420 | 外语系学生 | 154 | 社会学系学生 | 41 |
| 职员 | 178 | 经济系学生 | 152 | 数学系学生 | 36 |
| 工警 | 437 | 航空系学生 | 128 | 气象系学生 | 30 |
| 研究生 | 48 | 地质系学生 | 99 | 历史系学生 | 29 |
| 电机系学生 | 420 | 化学系学生 | 83 | 政治学系学生 | 26 |
| 机械系学生 | 332 | 生物系学生 | 82 | 心理学系学生 | 25 |
| 土木系学生 | 234 | 营建系学生 | 69 | 地学系学生 | 19 |
| 化工系学生 | 200 | 银专学生 | 49 | 哲学系学生 | 17 |
| 物理系学生 | 185 | 中文系学生 | 47 | 采矿系学生 | 74 |
| 总计 | | 教职员工总数 | | 1035 | |
| | | 学生总数 | | 2579 | |

---

① 《人民清华》,创刊号,1950 年 11 月 1 日。

# 第4章 新中国成立初期的清华化学系(1948—1952)

图4-4 《人民清华》公布的清华大学师生员工人数统计表的原件(1950年)

在解放初期,清华化学系本科生及硕士研究生的招收情况见表4-3,理学院部分系的本科生毕业人数见表4-4。从两表提供的数据可看出,新中国成立后化学系的本科招生人数和毕业生人数都在逐年快速上升,但从规模上看,在理学院的几个基础学科系中物理系的学生人数最多,化学系次之,生物系和数学系的规模较小。1952年物理系和化学系的本科毕业生人数基本比上一年增长了一倍,分别达到89人和40人之多,这不是招生人数暴增的结果,而是当年进行院系调整,将三年级的同学提前一年毕业造成的。另外,化学系这一时期培养的研究生不算多,其主要原因并非老师没有合适的研究课题,而是由于科研经费不足。

表4-3 化学系解放初期各年招生人数[①]

| 学生年级 | 学生人数 | | | |
|---|---|---|---|---|
| | 1949年 | 1950年 | 1951年 | 1952年 |
| 本科一年级新生 | 20 | 41 | 30 | |

---

[①] 清华大学校史研究室:《清华大学史料选编》第五卷(下),815-861页,北京:清华大学出版社,2005年。

续表

| 学生年级 | 学生人数 | | | |
|---|---|---|---|---|
| | 1949年 | 1950年 | 1951年 | 1952年 |
| 本科二年级新生 | | 2 | 1 | |
| 本科三年级新生 | | 3 | | |
| 本科四年级新生 | | | | |
| 硕士研究生 | 2 | | 5 | |

注：1949年两名研究生分别为王安周、杨文治；1951年5名研究生分别为宋心琦、刘正、赵慕愚、须沁华、陈赛瑛。

表4-4　解放初期理学院部分系的本科毕业生人数[①]

| 年　份 | 学生人数 | | | |
|---|---|---|---|---|
| | 化学系 | 物理系 | 生物系 | 数学系 |
| 1949年 | 15 | 10 | 7 | 4 |
| 1950年 | 16 | 24 | 6 | 8 |
| 1951年 | 22 | 41 | 5 | 3 |
| 1952年 | 40 | 89 | 2 | 14 |

这里还要强调一点，在建国初期，清华大学的学生中途提前毕业（特别是学人文、经济学科的学生）、积极投入革命工作的人较多。而化学系属研究自然科学的理科系，故提前毕业的学生人数较少，表4-5列出了化学系三位提前毕业同学的简况。图4-5、图4-6和图4-7分别展示了几十年后，化学系1950级、1951级和1952级部分同学回母校参加系庆活动时的班级合影。

表4-5　1949—1950年化学系提前毕业的学生名单[②]

| 姓　名 | 学　号 | 年　级 | 欲参加工作 |
|---|---|---|---|
| 江小村 | 36681 | 一 | 南下工作队 |
| 王政人 | 36411 | 二 | 北平市区保工作 |
| 王殿通 | 352087 | 三 | 北平市区保工作 |

---

[①] 清华大学校史研究室：《清华大学史料选编》第五卷（下），875-960页，北京：清华大学出版社，2005年。

[②] 清华大学校史研究室：《清华大学史料选编》第五卷（下），793-815页，北京：清华大学出版社，2005年。

第4章 新中国成立初期的清华化学系(1948—1952)

图 4-5　1950 级部分系友,2005 年在新化学馆(何添楼)前合影

图 4-6　1951 级部分系友,2005 年返校参加系庆活动

图 4-7　1952 级部分系友,参加 2002 年校庆留影

尽管化学系在建国初期培养的学生人数不算多,但毕业生中的大多数人最终都成长为全面发展的高质量人才,在随后到来的社会主义革命和建设事业中做出了突出的贡献。其中杰出的代表人物,除谢毓元、朱永㸌、吴慰祖、陈冀胜、黄春辉五位德高望重的两院院士外,还有一位特别值得铭记的系友冀朝铸。1950 年抗美援朝战争爆发,饱含爱国之心的他,毅然放弃了自己在哈佛大学化学系的学业,回到了北京。为了更好地为祖国服务,他选择了在清华化学系继续攻读化学学科。1952 年 4 月,正当冀朝铸忙于撰写毕业论文时,突然接到去外交部工作的通知,并从此开始了他充满传奇的外交生涯。这位著名外交家,曾先后任抗美援朝板门店停战谈判中方代表团翻译、中国驻英大使、联合国副秘书长等职,被誉为中国"红墙第一翻译"。

## 4.4　课程设置和教学改革

新中国成立后,清华的教育思想与 1949 年前的通才教育完全不同,重新规定了各系的具体培养目标。化学系的任务是:"培养学生以正确的观点与方法,掌握化学及其有关科学的基本知识,俾能充任经济建设所需的化学研究与化学技术人才,高等学校的化学教师或科学研究机关的工作人员"①。

根据上述目标,在课程设置、教学内容、教学方法等诸多方面,必然需要进行一些大刀阔斧的改革。首先,在课程设置方面,虽然对原有的课程感到不满意,但新的改革方案又一时难以推出,因而直到1952年全国大规模的院系调整前,化学系基本上仍采用复员后的课程体系。不过由于紧随全校的改革步伐,有两门新课的开设是雷厉风行的。一是鉴于对学生开展思想教育的需要,1949年8月12日,经华北高教学会常委会讨论确定,增加辩证唯物论与历史唯物论(包括社会发展简史)、新民主主义论(包括中国近代革命运动简史)为各大学的必修政治课。各课每周皆为3小时,一学期教完②。二是为满足广大师生对学习苏联先进经验的需要,1949年清华外语系专门请了多位俄文教师来讲初级俄语。据清华通讯组统计,1948年清华修完俄文一年的同学不过30人,而一年后选修俄文的学生却高达400余人,比上年增加了十几倍,很多教授、讲师、助教也都纷纷来俄文课旁听③。

其次,关于业务课教学内容的改革,因与课程设置、教科书的选择等密切相关,既然原有的课程体系和教材一时难以变更,不少教学内容的改革措施也就多停留在讨论方案的酝酿阶段。在教学方式改革方面,化学系取得了立竿见影的效果,教师在课堂上的书写和讲述在较短的时间内都清一色地改成了中文。起初在化学系究竟能否完全改用中文授课的问题上,也曾经存在某些争议,如有人认为有机化学的名词太复杂,不可能全用中文讲授,但在冯新德先生的努力下,这条旧时的认知被打破。长期讲授物理化学课的黄子卿先生更是说得好:"如果有人说中国话不能表达科学的含义,那只表示他中国语文的修养太差。"黄先生讲完这段话后,从1951年暑期开始就着手编写中文物理化学教本,并很快改用中文授课④。

---

① 清华大学校史研究室:《清华大学史料选编》第五卷(上),468页,北京:清华大学出版社,2005年。
② 清华大学校史研究室:《清华大学史料选编》第五卷(上),185页,北京:清华大学出版社,2005年。
③ 清华大学校史研究室:《清华大学史料选编》第五卷(上),284页,北京:清华大学出版社,2005年。
④ 《人民清华》第十五期,1951年。

## 4.5 科研与生产

解放初期，由于受抗美援朝战争和帝国主义国家经济封锁的影响，我国的经济、金融环境严重恶化，办学经费十分短缺，高等学校开展科研工作更是步履维艰。化学系亦不例外。教育部通过学校下拨的经费，连满足教学实验仪器设备和化学药品的添置都困难，给科研工作分配资金也就变得有名无实了。但化学系的科研工作并未停止。在张青莲教授的实验室里，奇迹又出现了。他利用从美国带回的重水和密度测试仪，在西南联大执教期间就使有关重水的研究工作取得了惊人的成果。在清华复员后，他又将该项科研工作延续和深化。张先生和助手董履和首次将重水密度的测量温度提高到95℃，并外延至100℃。包含该精密测试数据的论文 Density of heavy water 被张先生按研究通讯稿投寄英国 Nature 杂志，但该文发表时编辑部却把它转入学术论文的正文栏，可见这项研究成果意义非凡。这是张青莲教授与董履和联名发表在 Nature 上的第一篇论文，也是清华化学系师生发表在该国际著名期刊上的第一篇文章。表4-6列出了建国初期化学系部分师生发表的论文。图4-8为张青莲院士、张孝文校长出席化学系建系七十周年庆典的照片。

**表4-6 清华化学系部分师生建国初期发表的科研论文**

1. T. L. Chang(张青莲) and L. H. Tung(董履和), Density of heavy water, Nature, 163 (1949), 737.
2. T. L. Chang and L. H. Tung, The density of heavy water between 25℃ and 100℃, Chin. J. Physics, 7(1949), 230-240.
3. T. L. Chang and L. H. Tung(董履和), The Landolt reaction in heavy water, J. Chin. Chem. Soc., 16 (1949), 1-9.
4. T. L. Chang and Y. Y. Hsieh（谢毓元）, Solubility of potassium salts in heavy water at 25℃, II. Chloride, bromide, iodide, iodate, sulfate, perrhenate and ferricyanide, J Chin. Chem. Soc., 16 (1949), 10-13.
5. T. L. Chang and T. H. Wang(王晋华), On the electrolytic separation of hydrogen isotopes at high current densities, J. Chin, Chem. Soc., 16 (1949), 59-64.
6. T. L. Chang and Y. Y. Hsieh(谢毓元), Solubility of potassium salts in heavy water at 25℃, III. Nitrate, permanganate and thiocyanate, J. Chin. Chem. Soc., 16(1949), 65-71.
7. T. L. Chang and E. L. Tseng(曾英伦), On the solubility of thallous nitrate in heavy water, Sci. Record, 3(1950), 101-105.

续表

8. 张青莲,重水的密度,《中国科学》,2(1951),185-190.
9. Price C. C., Voong S. T.(冯新德), The preparation of several chlorinated 1-vinylnapthalenes, J. Org. Chem., 111(1949),14.

[资料分别引自:《张青莲文集》(2001年)和《冯新德文集》(1999年)]

图 4-8 张青莲院士(左),张孝文校长(右)出席化学系建系七十周年庆典(1996年)

为了补充系里的经费,高崇熙先生提议增设化学材料实验室(即小型精细化学品生产车间),利用化学系原有设备精制各种化学品或特殊材料,供应校内外需要。该实验室在财务上完全独立核算,其盈余除扩充本室设备以维持不断扩大生产外,全部用于补充本系的教学经费。化学系的这项改革方案,很快得到学校领导的支持和教育部的批准。表 4-7 列出了清华化学材料室之暂行组织规程(草案)[①]。

**表 4-7 清华大学附设化学材料实验室暂行组织规程(草案)**
**(1950年4月11日)**

一、本室定名为清华大学附设化学材料实验室(简称清华化学材料室)。
二、本室由清华大学生产管理委员会及化学系共同领导。
三、本室工作为利用化学系原有设备精制各种化学品供应校内外之需要。

---

① 清华大学档案,目录号校办1,案卷号52009。

续表

四、本室暂由化学系拨药品物资若干充本室资金，估值小米壹万斤，此项资金应由本室盈余陆续归还化学系。

五、本室得以本室名义作化学品之营业。

六、本室设主任一人，由化学系推荐该系教授一人，经生产管理委员会同意后兼任之领导本室一切工作；又会计一人，由化学系推荐该系教职员一人兼任之；并得视实际需要经生产管理委员会同意后任用专任或兼任工作人员若干人，其专任工作人员之待遇由本室负担之。

七、本室设管理委员会，由本室主任、会计、工作人员代表二人及生产管理委员会代表一人组成，以协助推动本室工作。

八、本室会计独立，每两月定期造具账目送生产管理委员会审核后转呈校委会。

九、本室使用化学系设备应斟酌使用情形给以适当补偿，其工作人员成绩优良者，经生产管理委员会核准后得分别予以物质或名誉奖励。

十、本室盈余除扩充本室设备以期陆续扩大生产外，应用于补充化学系之教学设备。

十一、本规程经生产管理委员会转呈校委会通过，经教育部核准备案后施行。

清华化学材料室的生产技术和经营管理，名义上是校、系两级共同负责的，实际上主要由高崇熙先生一人负总责。其余参与生产环节的人还有王志宽、王志宣、孙昌宗、梁达林、关祖京、张昌明等练习生或助教。化学材料实验室有不少的驰名产品，除了用清华牌号的 Tyrex 硬质玻璃取代从美国进口的 Pyrex 硬质玻璃来制造各种器皿外，更多的是将一些工业级的初级化学产品，如盐酸、硫酸、硝酸、氨水、苯、甲苯等，精制加工成为分析纯（A. R. 级），甚至优级纯（G. R. 级）的试剂，用以满足校内外科研、生产、医药上的各种特殊需求。为了不影响教学，上述生产工作不是在化学馆中进行的（假期除外），而是在馆后面整理出的一大间日本人留下的洗澡房内展开的。生产实验室运作没多久，不仅北大医学系、北大生物系、师范大学化学系提出的任务书应接不暇，甚至东北地区的吉林糖厂、哈尔滨糖厂也来大批订货。据统计，实验室从 1949 年 11 月至次年 1 月出售化学品的收入，与学校这 3 个月内拨付给化学系的经费一样多，大大缓解了化学系的财务紧张状况[①]。人们由此又从另一侧面看出，高先生在解放初期对化学系成长所做的重要贡献，是多么令人钦佩与敬仰。

此外，高先生还为实现中国化学试剂生产工业化做出了突出的贡献。

---

① 清华大学校史研究室：《清华大学史料选编》第五卷（下），690 页，北京：清华大学出版社，2005 年。

1950年,他积极倡议成立专门的化学试剂研究所,并很快得到了北京市政府的支持。在他的主持下,北京新华试剂研究所筹办成功。该所发展迅速,1953年改称北京试剂研究所,1958年更名北京化工厂,成为我国当时最大的化学试剂生产企业。

## 4.6 党政工团的各级组织及社会活动

北平解放后,清华大学新的各级党组织的名称和机构逐渐明朗。1949年1月11日,中共清华燕京区委扩大会议召开,实现了南北两系党组织自上而下的完全合并。随即清华党总支部成立,首任书记为查汝强,副书记为孙仲鸣。同年10月9日,党总支部改选,彭珮云任书记,何东昌任副书记。总支部下设七个分支部(后来分支部数有增加)。化学系及其他理学院的多数学生党员划归第四分支部领导。该党支部的书记是王士林(外语系学生),支部成员中的化学系学生有龚育之(化一)、李敉功(化一)、林济猷(化二)、郑用熙(化三)、沈其丰(化三)、齐顺章(化三)、叶于浦(化三)、王珉(化三),共8人。也有化学系教师或学生党员编入其他支部的情况出现,如刘静纯(时任化学系助教)、周昕(时任航空系助教,后转化学系任教)是第六分支部的成员,而潘永奎(化三,分支部副书记)、徐智(化二)则是第七分支部的成员。当时党支部的主要任务是组织党员带头学习好政治理论和党的方针政策,发展新党员等[①]。

清华解放后各种进步青年组织的公开情况,与党组织的公开情况比较类似。一些党的外围青年组织经整合后,于1949年3月20日下午在清华大礼堂成立中国新民主主义青年团(共青团的早期名称)清华总支部,王浒任团总支书记,此时全校共有526名团员。次年校团总支升格为校团委,下面分设6个团总支,化学系团员划归第四团总支领导,龚育之、王珉两同学入选该团总支委员[②]。

清华的行政权力机构,在新中国成立后由校长负责制改为校务委员

---

[①] 清华大学校史研究室:《清华大学史料选编》第五卷(下),1087页,北京:清华大学出版社,2005年。

[②] 清华大学校史研究室:《清华大学史料选编》第五卷(下),1124页,北京:清华大学出版社,2005年。

会负责制,首任校务委员会主席是叶企孙教授。图 4-9 是中央首长陈毅 1949 年 10 月 3 日来清华视察时与叶企孙主席及部分校务委员的合影。相应的系级行政权力机构也由系主任负责制改为系务委员会负责制。不过无论体制怎么改,系主任(或系务委员会召集人)都是系里的第一把手。1950 年 7 月前,化学系系主任是高崇熙教授,7 月后高先生辞职,系主任由校务委员张子高教授兼任。

图 4-9　陈毅首长与清华部分校务委员合影[①]

(左起:叶企孙、潘光旦、张奚若、张子高、陈毅、周培源、吴晗,1949 年)

在清华党、政、工、团四大机构中,就其管辖的人员而论,如果除去行政机关,工会是仅次于学生会的第二大群众团体。新中国成立前的清华并无统一的工会组织,只存在一些由教师或工警人员自发结成的小团体。新中国成立后为了消除脑力劳动者与体力劳动者间的界限,加强教职员工的团结,将原有分散的教授会、教联会、职员工会、工警联合会等团体整合,组成统一的清华大学教育工作者工会(简称清华工会)。1950 年 2 月 13 日,化学系出席清华工会成立大会的代表有张子高、顾玉山、张黯、陈鸿书、张青莲、周昕等六人,校务委员张子高被推选为清华大学首届工会主席。在张先生的督促下,化学系的工会活动开展得十分活跃,常组织本系教职员工讨论教学改革方案,有时还以系工会小组的名义将化学系的教

---

① 清华大学校史研究室:《清华大学九十年》,167 页,北京:清华大学出版社,2001 年。

改动态归纳成文发表在校刊上,见图 4-10。

图 4-10　化学系工会小组发表在《人民清华》(第 15 期)上的专题讨论文章

新中国成立初期的化学系师生,不仅自身的工作和学习任务完成得很出色,对参与各项公益事业活动和政治运动也充满了激情。比如 1950 年 10 月,清华学生会发起为灾区人民捐献寒衣的活动,化学系化四和化三年级的同学分别捐献衣物 107 件和现款 5.2 万元,成为全校一次性捐物、捐款最多的班级。图 4-11 示出了《人民清华》创刊号对此次活动的原始报导。又比如在 1951 年,化学系郑用熙、叶于浦、周昕、陈慧英、张黯、赵国玺等青年教师积极报名参加土改工作队,尽管最终教育部只批准了部分法学院的师生去参加,但他们宁愿放弃自己的专业也要投身革命斗争的自我牺牲精神是难能可贵的。再比如,化学系的一些老教师在抗美援朝爱国运动中的表现也是值得称赞的。张青莲教授一马当先,作为 1951 年中国人民赴朝慰问团的四个科学界代表之一,胜利地完成了为期五个月的赴朝慰问以及归国后的宣传活动,既有力地鼓舞了前线将士的斗志,又极大地推动了国内人民群众为抗美援朝捐献飞机、大炮的爱国运动①。黄子卿教授日常的教学、科研工作十分繁重,但为了鼓励前线的志愿军英勇杀敌,他专门抽出三天时间来给志愿军写信。在 16 封热情洋溢的信中,不光语言文字通俗易懂,黄子卿教授还一改过往善写文言诗的特点,把信中用来挖苦、嘲笑美军的小诗全都改成了白话文。以下便是黄先生当年写的两首讽刺诗:"美帝江边挨铁拳,夹尾南逃一溜烟,牛皮吹破脸何在?圣诞不还好惨然。""闻说敌人有数长,最长就是跑得忙,跳上吉普开马达,抱头鼠窜叫爹娘。"②

图 4-11 《人民清华》对同学们踊跃捐献寒衣、善款的报道

## 4.7 院系调整

这里所谓的院系调整,不是指在一所高等学校内的院系变动,而是新中国成立后不久,教育部门为了适应国家发展对各类高等专业人才的迫切需要,对全国高等学校及其院系所开展的一次大调整。比如,1949 年 9 月 15 日,华北高等教育委员会决定将华北大学、北京大学、清华大学三校的农学院合并,成立北京农业大学(现中国农业大学);1951 年,教育部决

---

① 《光明日报》,1951 年 10 月 16 日。
② 《人民清华》第十二期,1951 年 4 月 16 日。

定将西北工业学院、北洋大学、厦门大学、清华大学四校的航空系合并,组建成北京航空工业学院(现北京航空航天大学);1952年经教育部批准,将察哈尔省工业学院的水利系并入清华大学水利系,等等。在当时国家财力困难、师资不足、教学仪器设备匮乏的背景下,院系大调整将全国分散的办学资源集中起来,大大提高了整体的办学效率,是一项得力的教育改革措施。

院系调整的第二条思路是学习苏联的经验,将文理科和工科彻底分开,分别组成包含文、法、理科院系的综合性大学(如北京大学、南开大学、复旦大学等)和只包含工科院系的多科性工业大学(如清华大学、天津大学、浙江大学等)。按规划,华北地区的部分调整方案是:原北京大学和燕京大学合组成新的北京大学(燕京大学校名被撤销),原北大化工系、燕大化工系的部分学生,1952年3月先在清华化工系上课,同年8月随清华化工系学生一道转入清华新设置的石油工程系(该系1953年调出清华成立北京石油学院)或天津大学化工系的各个相应专业。清华大学的文、法、理科院系则全部转入新组建的北京大学,清华化学系自然也就随理学院转入了北大化学系。

清华确定停办化学系后,1949年入学学生的学制从四年缩短为三年,提前于1952年随1948年入学的应届毕业生同时毕业并分配工作,其余学生调入北大化学系继续学习。张子高、周昕、薛华、王汉臣等部分教授、讲师、助教、工人,宋心琦、赵慕愚、刘正、陈赛瑛等四名尚未毕业的研究生和当年分配做助教工作的李籹功、孙以实、区耀华、廖松生、沈同维等人留在清华大学继续从事化学基础课教学。黄子卿、张青莲、严仁荫、冯新德、唐有祺等大部分教授、讲师、助教调入北京大学化学系[①]。

历史上曾一度办得朝气蓬勃的清华化学系,因抗日战争遭受挫折后始终未能恢复元气,后又因院系调整停办,一停就是三十余年,这不能不说是件令人惋惜的事情。但从整体上看,轰轰烈烈的院系调整之所以受到高校广大干部及师生员工的拥护和赞成,是因为它对中国教育事业发展的积极作用远大于负面的影响。

---

① 周蕊等:《继往开来,再展宏图——庆祝清华大学化学系成立七十周年暨复系十周年》,13页,1996年。

## 4.8 部分知名系友名录(3)

**张子高**(1886—1976),湖北枝江人。1909年游美学务处第一批直接留学生,赴美留学。1929年8月应聘到清华大学任化学系教授兼主任,随后历任清华校务委员会委员、教务长、校教育工会主席,院系调整后历任普通化学教研组主任、工程化学系系主任、清华大学副校长、中国化学会理事和全国政协委员等职。新中国早期的知名化学家、化学史学家、教育家[1]。

**高崇熙**(1901—1952),河北雄县人。1919—1922年在清华学校学习,随后赴美国威斯康星大学化学系留学,1926年获得博士学位。同年回到清华大学化学系担任教授并在较长时期内兼任化学系系主任,对清华大学化学系的早期创建和发展做出了重要贡献。我国无机合成领域专家,在分析化学和有机化学领域也颇有建树,是深受师生敬佩的化学家和教育家[1]。

**傅鹰**(1902—1979),福建闽侯人。1919年进入燕京大学化学系学习,1922年公费赴美留学。1951—1952年在清华大学化学系任教,是知名的化学家、教育家,中国胶体化学学科发展的主要奠基人。1955年选聘为中国科学院学部委员(院士),1978—1979年任中国人民政治协商会议第五届全国委员会常务委员、委员[1]。

---

[1] 尉志武,李兆陇:《清华化学历史人物》,北京:清华大学出版社,2011年。

第4章 新中国成立初期的清华化学系(1948—1952)

**张青莲**(1908—2006),江苏常熟人。1931—1934年在清华大学化学系攻读研究生,1939—1946年任国立西南联合大学教授,1946—1952年任清华大学化学系教授。著名化学家。1955年选聘为中国科学院学部委员(院士)[1]。

**严仁荫**(1908—1977),天津人。1927年考入清华学校化学系,1931年毕业后留校任助教至1934年,1947—1952年任清华大学化学系教授。院系调整后调至北京大学化学系任教。长期从事分析化学领域的教学和科研工作,作风严谨。曾任北京大学化学系副系主任[1]。

**冯新德**(1915—2005),江苏吴江人。1934年由东吴大学转入清华大学化学系学习,1937年毕业并获理学学士学位,1948—1952年任清华大学化学系教授。著名化学家,中国高分子化学的开拓者之一。1980年当选为中国科学院学部委员(院士)[1]。

---

[1] 尉志武,李兆陇:《清华化学历史人物》,北京:清华大学出版社,2011年。

**唐有祺**（1920—2022），上海人。1951 年 8 月在清华大学化学系执教，先后任副教授和教授，同时在中国科学院应用物理研究所和化学研究所兼任研究员。随后长期在北京大学化学系工作。著名化学家。曾任中国化学会理事长、中国晶体学会理事长、国家教委科技委主任等职。1980 年当选为中国科学院学部委员（院士）[①]。

**谢毓元**（1924—2021），江苏苏州人。1945 年考入国立西南联合大学化学系，1949 年毕业于清华大学化学系。中国知名药物化学家。在研制放射性核素促排药物方面取得开创性的成果，曾获国家自然科学奖二等奖。长期担任中科院上海药物研究所所长。1991 年当选中国科学院学部委员（院士）[①]。

**张中岳**（1925—    ），祖籍山东。1945 年考入国立西南联合大学化学系，1949 年从清华大学化学系毕业后长期从事高分子材料的研发工作，其成果获国家科技进步奖特等奖。曾任化学工业部北京化工研究院教授级高级工程师、中国化学会高分子委员会委员、北京市化学会理事等职[①]。

---

[①] 尉志武，李兆陇：《清华化学历史人物》，北京：清华大学出版社，2011 年。

第4章 新中国成立初期的清华化学系(1948—1952)

**叶于浦**(1926—2013),福建福州人。中共地下党员,1946年考入清华大学化学系,1950年毕业后留校任教。1952年院系调整时调至北京大学化学系工作,任该系首任党总支书记。长期从事无机化学及物理化学方面的科研和教学工作,为北大化学系的建设与发展做出了重要贡献[①]。

**赵国玺**(1927—2008),云南昆明人。1949年毕业于清华大学化学系并留校担任助教,1952年院系调整时转入北京大学化学系工作。曾任北京大学化学系教授、教研室主任、中国化学会胶体化学及界面化学学科组组长等职。胶体界面化学家[②]。

**蔡孟深**(1927—2016),福建福州人。1946年考入清华大学化学系,1950年毕业并获理学学士学位。长期从事糖化学领域的研究。曾任北京医学院(现北京大学医学部)药学系教授、有机化学教研室主任、"九三学社"北京市委常委等职[②]。

---

① 清华大学校史研究室:《清华革命先驱》(上册),北京:清华大学出版社,2004年。
② 尉志武,李兆陇:《清华化学历史人物》,北京:清华大学出版社,2011年。

**杨光启**（1927—2017），浙江杭州人。1946年考入清华大学化学系，1950年以优异成绩毕业。长期在化工部门从事领导工作。曾任化工部计划司副司长、化工部副部长、中信公司副董事长等职[①]。

**胡亚东**（1927—2018），北京人。1946年考入清华大学化学系，1950年毕业，1951年赴苏联留学并获得副博士学位。1955年回国后长期从事有机化学和高分子材料方面的研究工作及科技管理工作。曾任中国化学会理事长、中国科学院化学研究所所长等职[①]。

**郑用熙**（1927—2018），浙江台州人。中共地下党员，1946年考入清华大学化学系，1950年毕业并留校任教。1952年院系调整时离开清华，1981年再回清华大学工作，历任副教授、教授、分析化学教研室主任等职。分析化学专家，教学和科研成效卓著。离休后致力于关心下一代健康成长的"希望工程"，牵头募集资金，共建"希望小学"34所，2010年个人捐资20万元人民币，在清华大学化学系设立"清华之友——郑用熙奖学金"。曾获中共中央组织部、教育部、清华大学等单位的表彰[①]。

---

① 尉志武，李兆陇：《清华化学历史人物》，北京：清华大学出版社，2011年。

第4章 新中国成立初期的清华化学系(1948—1952)

**徐康**(1928—2007),江苏常州人。1946年考入清华大学化学系,1950年毕业,获理学学士学位。1952年赴苏联留学,获化学副博士学位。1956年回国后,长期从事军事科学研究,领导开展"冲击波对金属氧化物催化剂的活化和改性"课题研究并取得重大成果。曾任中国科学院兰州化学物理研究所研究员、研究室主任等职[①]。

**陈慧英**(1928—2022),上海人。1946年考入清华大学化学系,1950年毕业后留校任教。1952年院系调整时转到北京大学化学系。长期从事有机化学和高分子化学的教学与科研工作。高分子化学家[②]。

**宋心琦**(1928—2024),江苏常熟人。1946年考入清华大学化学系,1952年研究生肄业后留校任教。长期从事基础化学课程的教学工作,教学质量优异。主要开展了物理化学方面的多项研究工作,其中对光化学的基础和应用研究课题取得丰硕成果。参加《化学通报》等多种学术刊物的编审工作,1980年后共出版专著、译著12种。化学教育家,物理化学家。中国化学会第25届理事会理事长[②]。

---

[①] 清华大学校史研究室:《清华革命先驱》(上册),北京:清华大学出版社,2004年。
[②] 尉志武,李兆陇:《清华化学历史人物》,北京:清华大学出版社,2011年。

清华时间简史：化学系（1926—1985）

**王珉**（1929—2008），浙江海盐县人。中共地下党员，1946年考入清华大学化学系。1950年毕业后长期从事化学工业领域内的科技管理和领导工作。曾任北京化工厂党委书记兼厂长，化工部计划司司长、副部长等职[①]。

**许心文**（1929—　），上海人。1946年考入清华大学化学系，1950年毕业。长期从事军事科研和教学工作。曾任海军指挥学院海军作战运筹教研室主任、海军指挥学院教授、专业技术少将军衔等职。曾立三等功三次，二等功一次。其研究成果获得国家科技进步奖三等奖等多项奖励[②]。

**龚育之**（1929—2007），湖南湘潭人。1948年考入清华大学化学系，在校期间担任理学院党支部副书记，1952年毕业。马克思主义理论家。曾任中共中央宣传部副部长、中共中央党校副校长、中国自然辩证法研究会理事长等职[②]。

---

① 清华大学校史研究室：《清华革命先驱》（上册），北京：清华大学出版社，2004年。
② 尉志武，李兆陇：《清华化学历史人物》，北京：清华大学出版社，2011年。

第 4 章　新中国成立初期的清华化学系(1948—1952)

**冀朝铸**(1929—2020),山西汾阳人。1950年抗美援朝战争爆发后从美国哈佛大学转学到清华大学化学系学习,1952年到外交部工作。著名外交家,被誉为中国"红墙第一翻译"。曾任中国驻英大使、联合国副秘书长等职[①]。

**朱永䭲**(1929—2024),安徽泾县人。1947年考入清华大学化学系,1951年毕业后留校任教。历任清华大学化学系、工程物理系助教、工程化学系助教、讲师、副教授,放射化工教研组主任,清华大学核能技术研究所副所长、教授。在核燃料后处理和从高放废液中提取超铀元素等领域的科研工作取得重大成果。著名核科学和化学工程学家,1995年当选为中国工程院院士[①]。

**滕藤**(1930—2023),江苏江阴人。1947年转学入清华大学化工系,1951年毕业后留校任教。长期从事核化学化工及萃取过程热力学的研究,成果显著。历任讲师、副教授、教授、研究生院院长、副校长等职,对清华大学工程化学系、化学系和化工系的发展做出了重大贡献。1985年调离清华大学后,曾任国家科委副主任、国家教委副主任、中国科技大学校长、中共中央宣传部副部长等重要职务。化学工程学家,教育家[①]。

---

① 尉志武,李兆陇:《清华化学历史人物》,北京:清华大学出版社,2011年。

**蒋硕健**（1930—2021），湖北应城人。1948年考入清华大学化学系，1952年毕业后进入北京大学攻读研究生，随后留校任教。长期从事有机化学与高分子化学方面的科研和教学工作。历任讲师、教授、高分子研究室主任等职。在科研和教材建设上的成果多次得到北京市和全国级别的奖励[①]。

**吴世康**（1930—2022），浙江杭州人。1951年考入清华大学化学系，1952年院系调整时转入北京大学化学系，1955年毕业后分配至中国科学院化学所。长期从事有机和高分子化学方面的研究工作。曾担任两届中国化学会理事和多种学术刊物的主编。其有关光化学的科研成果曾获中国科学院自然科学奖二等奖和三等奖[①]。

**陈念贻**（1931—2006），广东番禺人。1948年考入清华大学化学系，1952年毕业后被分配到中国科学院冶金陶瓷研究所工作。冶金物理学家，计算化学家，在计算化学、熔盐物理化学等领域有丰硕的科研成果。曾获国家自然科学奖、国家科技进步奖等10项科技奖励[①]。

---

① 尉志武,李兆陇:《清华化学历史人物》,北京:清华大学出版社,2011年。

## 第4章 新中国成立初期的清华化学系(1948—1952)

**陈冀胜**(1932—2022),天津人。1952年在清华大学化学系学习。应用化学家。曾任防化研究院政治委员和总工程师。1990年被授予少将军衔。1999年当选为中国工程院院士[①]。

**吴慰祖**(1932— ),江苏南通人。1950年考入清华大学化学系,1952年因院系调整转入北京大学继续学习,1953年毕业后一直在中国人民解放军总参谋部研究所任研究员。军事化学家。1988年被授予少将军衔。1999年当选为中国工程院院士[①]。

**黄春辉**(1933— ),河北邢台人。1951年考入清华大学化学系,次年因院系调整转到北京大学化学系学习,1955年毕业后留校工作,历任讲师、教授。化学家。因在稀土分离工艺研究中的重大贡献,与徐光宪院士等一同获得1978年全国科技大会成果奖、1988年国家自然科学奖三等奖、1989年国家教委科技进步奖一等奖。2001年当选为中国科学院院士[①]。

---

① 尉志武,李兆陇:《清华化学历史人物》,北京:清华大学出版社,2011年。

**费维扬**（1939— ），上海人。1963年毕业于清华大学工程化学系，随后留校任教。化学工程学家。长期从事化工分离科学技术的研究和教学工作，在萃取、吸收等传质分离设备的数学模型、设计放大、性能强化等方面取得众多研究成果，获多项国内外科技成果奖。2003年当选为中国科学院院士。

**刘延东**（1945— ），江苏南通人。1964—1970年本科就读于清华大学工程化学系并兼任学生政治辅导员，1998年获吉林大学法学博士学位。历任共青团中央书记处书记、中央统战部部长、中共中央政治局委员、国家科技教育领导小组副组长、国务院副总理等职。

**王志新**（1953— ），江苏金坛人。生物化学家。1977年本科毕业于清华大学化学工程系，后留校任教，1984年取得中国科学院生物物理研究所博士学位。长期在中国科学院和清华大学从事分子酶学、蛋白质化学及结构生物学领域的科研工作，先后获得中国科学院和国家级自然科学奖。1997年当选为中国科学院院士，2019年当选为中国医学科学院学部委员。

# 第5章
# 清华化学与化工联合建系时期(1952—1985)

## 5.1 概 述

  自1952年院系调整到1985年复系,在漫长的三十余年里,清华化学系停办了。从简单逻辑上讲,在论述清华化学系的历史时,应将这三十余年减去。但事实上,这段时期内清华大学的基础化学教学从未停止,化学与化工学科建设也一直备受重视。在校系领导的努力下,学校陆续组建了化学教研组、工程物理系核化学化工专业、工程化学系、化学与化学工程系等将化学及化工两学科融为一体的教学和科研实体,并在较短的时间内取得了惊人的教学和科研成果。这些成功的开创性教育实践,既充分证明了蒋南翔、何东昌、滕藤等教育大师们一贯主张的"理工结合"办学思想的正确性,又培养出了一支年轻的跨学科的教师队伍,为后期化学系、化工系的快速复建创造了良好的客观条件。值得强调的是,王汉臣、薛华、何其盛、宋心琦、余文华、张翠宝、谈慧英、李木兰(按年龄排列)等八位师长,院系调整前就在清华化学系工作或学习,院系调整后,又长期在清华化学教研组、工程化学系、化学与化学工程系等单位任职。1985年清华化学系正式复建时,他们再次回归化学系,在各自岗位上表现突出、深受全系师生员工崇敬。由此可见,1952年后清华园内虽然没有正规的化学系标牌,但各类化学课程的开设、化学师资的培养和化学学科的建设等工作仍在进行。一部较为完整的清华化学系系史,一定不能缺少上述各实体成长及演变过程的史实。

  图5-1绘出了从1952年院系调整直至1985年化学系复建的30余年间,清华一些与化学、化工等学科相关的系和教研组的演变过程。院系调整时,清华化学系的师生员工大部分转入了由原北京大学化学系和燕京大学化学系重新组合成的北京大学化学系,也有少数师生调到了北京钢铁学院(现北京科技大学)、北京地质学院(现中国地质大学)、北京航空

学院(现北京航空航天大学),更有远道去了东北人民大学(现吉林大学)的。留在清华的少部分教职工和几位尚未毕业的研究生组成普化教研组,主要承担全校各系的普通化学教学任务。随着学科的发展,各系陆续提出了开设无机化学、有机化学、分析化学、物理化学等四大基础化学课的需求,这些需求促使清华化学教师队伍扩充。1956年年底,普化教研组正式更名为化学教研组。同年十月,为适应我国军用、民用原子能科技发展的需要,清华参照苏联"工程物理学院"的模式成立了工程物理系(简称"工物系"),何东昌同志任系主任。该系学科含核物理和核化学化工两大领域。在筹建核化学化工各专业教研组的过程中,清华从天津大学化工系抽调汪家鼎教授来校任工物系副系主任,吸收滕藤、李成林、崔秉懿、徐志固、付依备等留苏归国的年轻学者,并从化学教研组抽调来朱永䚮先生作为教师的骨干力量,逐步组建成110、120、130三个教研组。同时,学校从校外和校内其他系抽调部分学生转学核化学化工各个专业,为随后建立的工程化学系的发展壮大奠定了可靠的科研和教学基础。1958年,为了向新兴的高分子学科(当时称塑料专业)进军,主要由化学教研组的有机化学和物理化学教师及部分新调入清华的化学化工专业人员,共同组建了工程化学系。未调入工程化学系的化学教研组成员继续承担着全校基础化学课程的教学任务,同时开展少量的科研工作,直到1980年随教研组整体并入化学与化学工程系。工程化学系成立两年后,校务会决定将原属工程物理系的三个核化学与化工专业划归该系,从此工程化学系的领导力量和师资队伍大大增强,并在随后的几年里,在科学研究和人才培养方面取得了辉煌的业绩。1970年,由于受到"文革"的严重干扰,工程化学系的科研工作基本处于停滞状态。尽管后期有工农兵大学生上学,但因工农兵学员文化程度参差不齐,教学的指导思想片面强调"从实践中学"(即学员通过参加"典型"的科研或生产任务带动教学),致使教学质量难以保障。此时的工程化学系便按照上述指导原则分解为两大部分,与核能相关的几个专业调入核能研究所(俗名200号),并改称放射化工专业,之后,放射化工专业又划归工程物理系管理。余下的非核专业,加上分别从土木系调入的建筑材料教研组和从动力机械系调入的热工教研组,重新组合成高分子材料、无机非金属材料、化学工程、基本有机合成等四个专业,并更名为化学工程系。直到1978年,清华大学开始拨乱反正,恢复了工程化学系的建制,化学工程系的所有专业与工程物理系的放射化工专业才一起再度转入工程化学系。1980年,为进一步促进化学学科的发展,学校决定将基础部的化学教研组并入工程化学系,且把系名改为化学与化学工程系。1985年,清华大学理学院复建,学校决定将化学与化学工程系一分为二,分别成立化学系和化学工程系。以上便是清华化学、化工两兄弟系间,30余年分分合合的曲折历程。

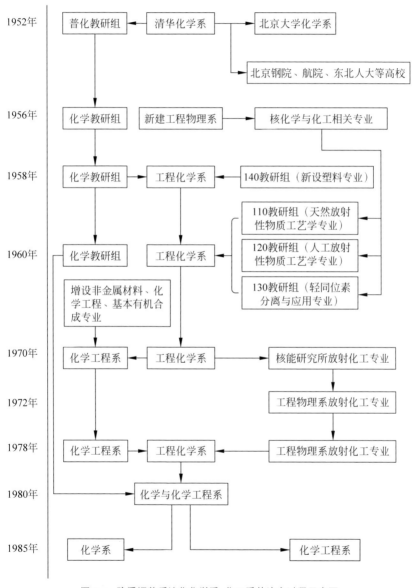

图 5-1　院系调整后清华化学系、化工系的演变过程示意图

如果说图 5-1 展示的清华化学化工 30 余年的各类建制单位的变迁过程,令人感到有些变幻莫测、难以捉摸,那表 5-1 列出的上述各建制单位的主要党政干部名单,表面上看更是让人觉得眼花缭乱。其实仔细分析,这段时期主要的系级领导者有三位:行政方面是张子高先生和汪家鼎先生,党务方面是滕藤同志。这三位领导人中,滕藤同志是核心人物,他不仅长期担任工程化学系党委("文革"前称总支)书记,还长期兼任副系主任的职务。化学教研组、工程化学系、化学与化学工程系之所以能在诸多方面取得辉煌的业绩,除了归功于各单位师生员工的共同努力外,也得益于三位主要领导者的远见卓识和英明决策。

**表 5-1　清华院系调整后与化学和化工学科相关单位的主要党政干部名单**

| 单位名称 | 年　份 | 系或教研组主任 | 系或教研组副主任 | 党委或总支书记 | 党委或总支副书记 |
|---|---|---|---|---|---|
| 普化教研组 | 1952① (教研组成立) | 张子高 | 周昕 (科学秘书) | | |
| 化学教研组 | 1956② (教研组成立) | 张子高 | 周昕 宋心琦 | | |
| 工程化学系 | 1958③ (建系年) | 张子高 | 汪家鼎 | (未建系级党组织) | |
| 工程化学系 | 1960④ (系扩建年) | 张子高 | 汪家鼎 滕藤 | 滕藤 (总支书记) | 黄志冲 李文才 |
| 工程化学系 | 1966⑤ ("文革"开始前) | 汪家鼎 | 徐日新 滕藤 李文才 李成林 | 滕藤 (总支书记) | 黄志冲 曹晓文 |
| 化学工程系 | 1972⑥ ("文革"中) | 曹晓文(革委会主任) | | 王德武 (党委书记) | |
| 工程化学系 | 1978⑥ ("文革"后复系) | 汪家鼎 | | 滕藤 (党委书记) | |

---

① 《清华大学档案》,案卷号:092-1。
② 《清华大学档案》,案卷号:56006。
③ 《清华大学一览》,1959 年。
④ 《清华大学档案》,案卷号:006。
⑤ 《清华大学一览》,1964—1965 年。
⑥ 陈旭,贺美英,张再兴:《清华大学志(1911—2010)》第三卷,345 页,北京:清华大学出版社,2018 年。

续表

| 单位名称 | 年份 | 系或教研组主任 | 系或教研组副主任 | 党委或总支书记 | 党委或总支副书记 |
|---|---|---|---|---|---|
| 化学与化学工程系 | 1980①（工程化学系更名） | 汪家鼎 | 曹晓文 薛峦 周昕 张孝文 | 黄圣伦（党委书记） | 刘述礼 高鸿锦 |
| | 1985②（化学、化工分系前） | 苏健民 | 袁乃驹 宋心琦 薛峦 | 曹晓文（党委书记） | 高鸿锦 胡献华 戴猷元 |

## 5.2 化学教研组对促进清华化学和化工学科发展功不可没

### 5.2.1 开设四大化学课程,推动全校各相关学科的发展

清华化学教研组尽管不是系一级的建制单位,但它在清华历史上所发挥的作用完全可与系级单位相提并论。1952年院系调整后,留守清华的原化学系部分教职员工组成了普化教研组,其基本任务是承担原化学系负责的全校普通化学课的讲授和实验。教研组的教师成员中,除张子高、薛华、周昕三位有高级或中级职称外,其余均由年轻的、刚毕业不久的本科生和几位肄业的研究生组成。表5-2列出了清华大学人事室1953年公布的普化教研组教职员工名单。显然此时的普化教研组规模不大,教学、科研实力有限,但它为其后清华化学学科的重建留下了不灭的火种。

表5-2　1953年清华普化教研组教职工名单③

| 教授 | 张子高(教研组主任) | | | | |
|---|---|---|---|---|---|
| 讲师 | 周昕 | 薛华(女) | | | |
| 助教 | 朱永膳 | 宋心琦 | 刘正(女) | 赵慕愚 | 陈赛英(女) |
| | 孙以实 | 李秀莲(女) | 闵志骞 | 区耀华(女) | 蓝天聪 |
| | 余文华(女) | 张翠宝(女) | 谈慧英(女) | 刘芸 | |
| 职员 | 陈鸿书 | 李木兰(女) | | | |
| 练习生 | 冯永恩 | 刘志鹏 | 殷尚孚 | 范琼芳(女) | |
| 工友 | 王汉臣 | 刘山 | 李德山 | | |

---

① 《清华公报》,49期,1981年。
② 《清华大学一览》,1984—1985年。
③ 清华档案馆提供,案卷号002。

随着科技进步和新兴学科建设的步伐加速,全校各系对基础化学课的要求越来越高,陆续提出了开设无机化学、有机化学、分析化学、物理化学(四大化学)课的需求。显然,此时仅靠普化教研组的师资力量,已完全不能应对这种局面。于是学校又从校外调入一批化学教员,用以壮大基础化学课的师资队伍,并于1956年底将普化教研组更名为化学教研组,使它成为学校基础课委员会领导下的物理、数学、化学、理论力学、材料力学和外语等六大基础课教研组之一。化学教研组这种不断扩充人员和提高教师素质的趋势,一直持续了多年。1960年,化学教研组的教职员已有40余人,与1952年普化教研组成立时相比几乎翻了一倍,具有高、中级职称的教员人数亦大大增加。表5-3列出了1960年清华化学教研组的教职员名单。

5-3 1960年清华化学教研组教职员名单[①]

| 教授 | 张子高(主任) | 程耀春 | | | |
|---|---|---|---|---|---|
| 讲师 | 周 昕(副主任) | 赵慕愚 | 李 炎 | 章程懿(女) | 区耀华(女) |
| | 陈赛英(女) | 宋心琦 | 王鸿遽 | | |
| 助教 | 张翠宝(女) | 刘 芸 | 李咸训 | 范金城 | 张绍镛 |
| | 葛在基 罗 璋 | 吴效衡(女) | | 余文华(女) | 方一梅(女) |
| | 王雪冰(女) | 廖松生 | 钱万成 | 汪光武 | 郑 同(女) |
| | 武翠伦(女) | 薛仰琴(女) | | 王秉章 | 吴幕媛(女) 刘维馨 |
| | 李余增 胡钟岳 | 张鸿志 | | | |
| 实验员 | 胡智源 李木兰(女) | | | | |
| 职员 | 蒋伊文(女) | 王淑荣(女) | | | |
| 练习生 | 张静德(女) | 郭文琦(女) | 马庆骥 | 孟宪琪 | 赵秉和 |
| | 常俊江 姚兆冈 | | | | |

经过八年的努力,普化和化学教研组的师资队伍短缺的困难终于得到缓解,但实验经费严重不足这个矛盾又凸显了出来。简单回顾清华化学教学的历史就知道,各个时期都曾多次遭遇化学实验经费短缺的困扰,但又都凭借非凡的智慧和巧妙的方法得以化解。比如抗战时期的联大化学系,用适度减少实验个数和自制简易仪器设备的办法挺了过来;解放初期的清华化学系,系主任高崇熙用创立系办小型化学品生产车间"开源",用销售盈余来弥补实验经费不足。院系调整后,普化和化学教研组

---

① 清华档案馆提供,案卷号006。

的化学实验课程同样面对经费紧张的难题,其任务便落到了时任实验室主任宋心琦的肩上。在学校"勤俭办学、艰苦奋斗"的方针指导下,宋老师采用的办法主要是"节流"。他在《新清华》校刊上发表过多篇关于"化学实验室如何进行节约工作"的总结性文章。这些行之有效的工作经验,从大处着眼,小处着手。比如,在《普化实验讲义》上,原本笼统地说"少量",现在则具体规定为"半勺";有的用量从20滴减为10滴;能用普通水的就不用蒸馏水;酸和金属反应,见到气泡后就把金属片取出来……与此相配合,教研组领导还对带实验课的老师和全校数以千计参加实验的同学提出严格要求:"不怕麻烦,克服困难,千方百计节约每一滴试剂,每一根火柴!"这些要求使实验改革取得了良好的效果。

在克服了重重困难之后,四大基础化学课程得以及时恢复或开设,这不仅大大增强了化学教研组的实力,推动了清华化学学科的重建和振兴,也促进了学校各系众多与化学相关学科的建立和发展。

## 5.2.2　成为工程化学系和化学与化学工程系初建时的重要师资来源地

1956年工程物理系成立时,在校内外众多单位的支援下,分别建成了核学科领域内的若干专业教研组。其中与核化学化工相关的教研组和骨干教师,随后都转入了工程化学系,成为该系扩充专业和推动学科发展的核心力量,见本章第一节(概述)。

为适应工业和国防现代化的需要,清华在1958年创建了工程化学系,初期仅有高分子化工一个专业。除抽调个别国内资深专家(如徐日新教授)及前述留苏回国的年轻学者(如周其庠老师)任带头人外,其余大部分教师和实验技术人员均从化学教研组调入,且该系的首届系主任由化学教研组主任张子高先生担任。由此可见,化学教研组对工程化学系的创建起到了至关重要的作用。薛华老师在1959年全校科研与教学联合研讨大会上题为《工程化学系建系一年来的成长》的讲话中指出:"工程化学系是1958年在化学教研组的基础上建立起来的。"图5-2为该发言稿首页。

春去秋来,到了改革开放已经起步的1980年,化学教研组的面貌更是今非昔比,从单纯的基础化学教学单位,变成了教学与科研协同发展的

图 5-2　薛华 1959 年在全校科研与教学联合研讨大会上的发言稿首页

实体。此时学校根据全校的学科建设规划,将其整体调整到工程化学系。化学教研组第二次整体调入工程化学系,不但极大地充实了该系的师资队伍,更重要的是改变了它的性质,把一个整体偏工学的工程化学系变为了理工并重的化学化工系。为此,校长办公室专门在《清华公报》上发了《通知》:"自化学教研组调整到工程化学系后,该系已是包括化工、化学的理工结合的系,经 1979—1980 年度校长工作会议通过,决定将工程化学系改名为'化学与化学工程系'(简称'化学化工系')。"①

化学教研组除直接向工程化学系和化学化工系大量输送现职人员外,还在校领导的授意下,于 1959 年开办了"化学培训班",即从全校各系(含工程化学系)共抽调出 24 名优秀学生,进行专项的化学课程训练,将他们培养成了一批高素质的年轻化学教师。化学培训班的毕业生,初期基本上都留在化学教研组作助教,后除少数人调离清华外,大部分人陆续转到工程化学系等单位任教。最值得一提的是,在上述 24 名毕业生中,有 13 位于 1985 年不约而同地来到了复建后的化学系,并在各自的岗位上努力拼搏,成长为有重要贡献的佼佼者。这 13 位老师是:丁廷桢、王致勇、白广美、刘国璞、刘殿求、陈培榕、武增华、郁鉴源、胡鑫尧、郭金梁、姚祖涛、徐功骅、蔡作乾(按姓氏笔画排列)。图 5-3 是化学培训班的毕业照。

---

①　《清华公报》第二卷,第 22 期,1980 年。

图 5-3　化学培训班 1962 年毕业照(由郁鉴源提供)

### 5.2.3　科研工作开展有声有色

有人把当时的清华化学教研组只看作一个承担基础化学课教学任务的实体,这是一种极其简单肤浅的观点。实际上,随着师资队伍的壮大,不少老师都逐渐开始了科研工作。比如早在 1958 年,一批年轻的教师就敢于破除"只有北大才能做"的迷信,试制出了一系列的铯盐,其中包括重铬酸铯、铬酸铯、硫酸铯、硝酸铯、碳酸铯、碘化铯等六种重要的光电材料,质量均达国际标准。当时的化学教研组还克服技术上的重重困难,制备出了联吡啶,从此打破了国内这种重要的分析试剂要完全依赖进口的被动局面[①]。

谈到化学教研组早期的科研工作,不能不提及张子高先生的特殊贡献。他除了长期出任清华化学系系主任等行政领导职务,承担多门化学课的教学任务外,还专心致志地从事中国化学史的研究。他曾和张江树一道,依据我国明代科学巨著《本草纲目》上的记载,进行了氯化汞的制备实验,并取得了成功。这种结合文献记载进行实验重演的化学史研究方法,对今天的研究工作也有积极的影响。1964 年张子高的专著《中国化

---

① 《新清华》,1958 年 7 月 1 日。

学史稿》(古代之部)正式由科学出版社出版。

20世纪70年代,化学教研组的廖松生、王良御、姚乃燕等几位老师开始了针对液晶的基础科研工作,并于1978年采用全新的工艺成功地合成了苯基环己烷系列液晶材料。该成果于1979年通过鉴定,获得北京市科技成果奖二等奖,为此后液晶材料科研工作的深入开展及产业化打下了基础。

总之,清华化学教研组在院系调整后,不仅承担了原化学系师长们所托付的全校普通化学课程的教学任务,还随着学科发展的需要,为相关各系陆续开设了四大基础化学课。其后又源源不绝地为新建的工程化学系、化学化工系输送了精干、优质的师资。并且高瞻远瞩,十年如一日坚持不懈地从事液晶合成的开创性工作,为复系后的化学系独立自主地率先实现液晶材料的国产化奠定了坚实的科学技术基础。由此可见,在清华化学系的历史长河中,在1952年院系调整后的30余年间,正是由于化学教研组的存在和不断壮大,才在相当程度上减轻和弥补了因为化学系停办而带来的在化学学科建设和化学人才培养方面的损失。

## 5.3 工程化学系的科研成果丰硕

工程化学系成立于1958年。系名的确定在很大程度上反映了当时校、系领导一贯主张和坚持的理工结合的办学思想。"工程化学"顾名思义,其培养目标就是有工程知识的化学家和有坚实化学理论基础的工程师。

20世纪60年代,年轻的工程化学系在教学、科研、人才培养等各个方面都取得了优异的成绩。在科研成果方面,建系初期的高分子专业(140教研组)首先在尖端国防用塑料的合成和产业化方面取得突破。师生们在实验室研究的基础上与上海某工厂合作,建立了国内最早的聚四氟乙烯(当时号称"塑料之王")中试生产车间。该成果曾获国家新产品发明奖。随后他们又研发出具有特殊功能的聚碳酸酯工程塑料,并正式建厂投产,成为140教研组科研硕果中的又一闪光点[1]。

---

[1] 陈旭,贺美英,张再兴:《清华大学志》第三卷,357页,北京:清华大学出版社,2018年。

## 第5章 清华化学与化工联合建系时期(1952—1985)

工程化学系取得的另一项重要科研成果是提高精馏塔效率的研究。1965年6月至8月,化工原理教研组师生在持续两年的实验室研究基础上,与兰州炼油厂合作改造成功一种新型高效精馏塔,使生产效率达到原塔的2.3倍。这项新技术改进了原有塔板的结构,成功创制了一种新型浮动喷射塔板,其效率超过了当时世界上的同类设备。该成果被列入1965年全国化工系统重大科学技术成果之一,"文革"后获1978年全国科学大会奖①。

工程化学系最重大的科研成果项目是"溶剂萃取法核燃料后处理研究"(简称"712"任务)。它解决了从辐照核燃料中用先进的溶剂萃取法提取钚(两种用于核武器和核能发电的核燃料之一)的化学、工艺、设备等诸多技术难题,为我国原子弹、核潜艇和核电技术的发展做出了重大贡献。

为完成这项研究任务,1960—1966年,工程化学系在校领导的支持下倾注全力,专门成立了工程化学研究室,由汪家鼎教授任主任,朱永𬨎、鲍世铨任副主任。先后参与过该项目并担任组织和业务指导的工程化学系骨干教师近20人,在热实验(用带强放射性真实物料开展的实验)阶段,还有二机部(核工业部)派来的约220名技术人员和工人参加工作。实验期间,本系有关专业多届的本科生毕业设计或毕业论文,以及研究生论文都是紧密结合"712"任务来进行的,合计人数在200人以上。因此,前后参加"712"科研任务的人员合计有四五百人之多②。

"712"任务是技术上涉及民用化学化工、核化学化工、核安全等众多学科领域,耗时约十年的重大科研任务,于1966年胜利完成。1968年,根据经"712"任务验证的关键技术和获得的实验数据,我国建成了用溶剂萃取法进行核燃料后处理的第一个中间试验工厂,该厂于当年为我国第一次氢弹试验提供了钚的装料(氢弹爆炸时的轻核间之聚变反应,要靠重核钚或铀裂变时释放的巨额热能来诱发。即氢弹中必须放置一颗小型原子弹,靠它提前爆炸时产生的超高温度来引爆氢弹)。1970年,在上述中试

---

① 清华大学科研院:《清华大学百年科研成果选编》,33页,北京:清华大学出版社,2011年。
② 清华大学核能与新能源技术研究院:《永为有益之事》,163页,北京:清华大学出版社,2009年。

厂成功运行的基础上,我国第一座用大型溶剂萃取法提取钚的核燃料后处理厂(二机部404厂第三分厂)在西北地区建成并长期运行。其后不久,四川三线地区又用此流程建造了第二座核燃料后处理厂。至此,我国彻底打破了美苏在世界上的核垄断地位,并抢在他们策划签订"核不扩散条约"之前,堂堂正正地成为了铀弹、钚弹、氢弹都有的核武器品种齐全的核大国。

1952年院系调整后,清华的化学和化工两大学科均被腰斩,在我国学术界中失去地位。然而核化学化工新专业在成立后的十年内,就获得了这项重大的标志性成果,不但提振了全系师生攀登科学高峰的信心,也让国内核科技界和化学化工界对清华在核化学化工领域的科技实力刮目相看,对清华大学的评价陡然上升。我国已故著名核化学化工专家姜圣阶(中国科学院学部委员,曾任404厂总工程师)曾于2009年在清华核研究院举行的"712"任务完成二十周年纪念会上感慨地说:"现在核工业部能拿出去跟外国比一比的只有(核燃料)后处理。"

"712"任务成功地解决了用溶剂萃取法来分离提取钚的各项难题,不仅在当时是世界上最先进的核燃料后处理工艺流程,即使到了几十年后的今天,该项技术仍为各核国家所普遍采用。当年在"712"任务上马的前期,苏联已向我国推荐了一个沉淀法流程来处理辐照核燃料。然而这种方法分离效率低,放射性废液产生量大,且在工艺流程上不能实现连续操作。这对于处理具有强放射性的核物料来说,肯定是不利和落后的。用溶剂萃取法代替沉淀法,不仅在技术上更加先进,更便于实现远距离的自动化操作,在经济上还能大大减少投资成本和运行费用。据核工业部设计院估算,与原设计的沉淀法工厂比较,不锈钢用量减少3/4,工程量大大缩减,主厂房建筑总面积和长度分别为原设计的27%和20%,建设周期显著缩短,节约工程投资3.6亿元,运行费节省一半。①

"712"任务为我国建立完整的核工业体系,夺取核大国的地位,促进核化学化工学科的发展都做出了重大贡献。但因该项成果完成于"文革"初期,所有参与者全做了无名英雄,当时并未获得任何物质或精神方面的

---

① 《当代中国》丛书编辑部:《当代中国的核工业》,230-233页,北京:中国社会科学出版社,1987年。

奖励。一直到"文革"结束后的1978年,在全国科学大会上,才充分肯定了"712"任务所做出的贡献,并获得"全国科学大会奖"。图5-4示出了含"712"任务的"全国科学大会奖"的奖状。汪家鼎教授也因此于1988年获国防科工委"献身国防科技事业"奖。

图5-4 "712"任务获"全国科学大会奖"(1978年)

由于"712"任务意义重大,影响深远,所以该项目胜利完成几十年后,清华从校、系领导到广大师生还不时为它举办各种形式的纪念活动。图5-5是清华核能研究所("712"任务的热实验室建在该所院内)颁发的"712"任务完成二十周年的纪念品。图5-6是清华大学纪念"712"任务完成三十周年的大会主席台照片。图5-7是"712"任务的两位领导者滕藤和朱永㻉于2008年参加化学系系庆活动时亲切交谈的照片。

图5-5 "712"任务完成二十周年纪念(1986年)

图 5-6 清华 1996 年纪念"712"任务完成三十周年大会（左起：汪家鼎、王大中（时任清华校长）、滕藤、贺美英（时任清华党委书记））

图 5-7 "712"任务两位领导者滕藤（左）和朱永䁖（右）亲切交谈（2008 年）

## 5.4　工程化学系的教学改革大刀阔斧

### 5.4.1　理工结合的课程设置

工程化学系在本科生招生简章中指出："学生在六年学习期间，除了要学习化学、化工方面的课程外，也要有较广泛的数学和物理基础、专业知识和必要的工程师基本训练；兼有理科、工科两方面的特点。"[①]由此可

---

①　《新清华》633 期，1962 年。

见,工程化学系的建系指导思想之一,就是要创建一种理工结合办学的新模式,而非简单地将"化学工程系"改称为"工程化学系",借此创造一个新的系名而已。最能反映理工结合特点的就是该系的课程设置。表5-4和表5-5分别列出了高分子(塑料)专业1960级和天然及人工放射性物质工艺学专业1959级的课程设置。

**表 5-4　高分子专业(140 教研组)1960 级课程设置**[①]

| 序号 | 课程名称 | 总学时数 | 课程学期分配 |
|---|---|---|---|
| 1 | 马列主义基础 | 400 | 第1、2学期 |
| 2 | 中国革命史 | | 第3、4学期 |
| 3 | 政治经济学 | | 第5、6学期 |
| 4 | 哲学 | | 第7、8学期 |
| 5 | 军体 | 222 | 第1~8学期 |
| 6 | 第一外国语 | 256 | 第1~4学期 |
| 7 | 第二外国语 | 95 | 第9学期 |
| 8 | 高等数学 | 400 | 第1~3学期 |
| 9 | 普通物理 | 348 | 第1~4学期 |
| 10 | 理论物理 | 136 | 第3、4学期 |
| 11 | 理论力学 | 84 | 第2学期 |
| 12 | 机械概论 | 221 | 第5、7、8学期 |
| 13 | 实验化学 | 405 | 第3~6学期 |
| 14 | 理论化学 | 332 | 第4~6学期 |
| 15 | 化学工程 | 150 | 第7学期 |
| 16 | 化工机械设计 | 95 | 第9学期 |
| 17 | 电工及自动控制基础 | 154 | 第8、9学期 |
| 18 | 化工仪表及自动控制 | 97 | 第9学期 |
| 19 | 专业课1 | 218 | 第6~8学期 |
| 20 | 专业课2 | 365 | 第9~11学期 |
| 21 | 专业概论 | | |

**表 5-5　天然及人工放射性物质工艺学专业 1959 级课程设置**[②]

| 序号 | 课程名称 | 总学时数 | 课程学期分配 |
|---|---|---|---|
| 1 | 社会主义 | 144 | 第3~5学期 |
| 2 | 政治经济学 | 144 | 第6~8学期 |
| 3 | 哲学 | 128 | 第9、10学期 |
| 4 | 体育 | 128 | 第1~4学期 |
| 5 | 第一外国语 | 194 | 第1~4学期 |

---

① 清华档案馆:《高分子专业 202-254-121-205》。
② 清华档案馆:《天然及人工放射性物质工艺学专业 2-254-118-094》。

续表

| 序号 | 课程名称 | 总学时数 | 课程学期分配 |
|---|---|---|---|
| 6 | 第二外国语 | 115 | 第9、10学期 |
| 7 | 高等数学 | 329 | 第1~3学期 |
| 8 | 普通物理 | 317 | 第2~4学期 |
| 9 | 理论力学 | 96 | 第5学期 |
| 10 | 材料力学 | 96 | 第6学期 |
| 11 | 画法几何及工程画 | 162 | 第2学期 |
| 12 | 金属工学 | 62 | 第4学期 |
| 13 | 机械零件 | 128 | 第7、8学期 |
| 14 | 电工学 | 144 | 第5、6学期 |
| 15 | 无机化学 | 234 | 第1、2学期 |
| 16 | 分析化学 | 211 | 第3、4学期 |
| 17 | 有机化学 | 188 | 第5、6学期 |
| 18 | 物理化学 | 336 | 第6、7、8学期 |
| 19 | 工业化学 | 60 | 在三年级认识实习中完成 |
| 20 | 化工原理 | 240 | 第7~9学期 |
| 21 | 化工热力学 | 64 | 第10学期 |
| 22 | 电子学(001) | 112 | 第9学期 |
| 23 | 核物理引论(002) | 48 | 第7学期 |
| 24 | 核物理实验方法(003) | 64 | 第8学期 |
| 25 | 防护学(004) | 48 | 第10学期 |
| 26 | 放射化学(005) | 128 | 第9、10学期 |
| 27 | 自动控制(006) | 96 | 第11学期 |
| 28 | 企业经济及保安技术 | 39 | 第11学期 |
| 29 | 稀有元素化学及工艺(011) | 87 | 第11学期 |
| 30 | 化学及物化分析法(012) | 128 | 第9、10学期 |
| 31 | 天然工艺学(铀钍)(013) | 225 | 第10~12学期 |
| 32 | 工厂机械设备及设计(014) | 78 | 第12学期 |
| 33 | 人工放射性工艺学及实验(021) | 87 | 第11、12学期 |
| 34 | 同位素应用(036) | 39 | 第9、12学期 |

　　从表5-4所列课程可见,高分子专业的课程表中基本没有理科课程,属比较典型的工科课表。表5-5所列原子能相关专业的课程则是理工结合的典范,学生除了要学各个专业都必须选择的政治哲学类课程、体育、外语、高等数学、普通物理等公共基础课外,还要选学偏理科的课程如无机化学、有机化学、分析化学、物理化学、放射化学、稀有元素化学等,偏工科的课程如理论力学、材料力学、画法几何及工程画、金属工学、机械零件、电工学等,再加上多门的专业基础课和专业课,总共要上的课程加起来达34门之多(当时无选修课,所列课程均为必修)。客观上讲,按上述

原子能相关专业授课模式培养出来的几届学生,大多具有政治思想开阔、理工基础扎实、工作适应能力强等特点。因此总体上说,理工结合是一种成功的办学模式,是清华许多专业的努力方向。但此模式能否取得完全成功,关键是要把握一个"度",即课程总量既要让学生最大限度地打好理工基础,又不让他们负担过重,影响全面发展和身心健康。图5-8示出的工程化学系学生(化名包学进)的一封公开信,就是因为有的老师为了赶教学进度,下课铃响了还继续讲课,引起学生投稿《新清华》,以表对老师拖堂行为的强烈不满。显然,此种由课程内容过多带来的学生负担过重现象,虽是个别现象,但必须引以为戒。

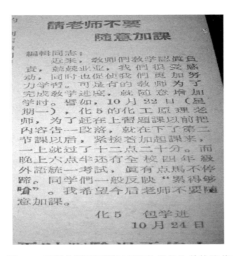

图 5-8　工程化学系同学对老师拖堂行为的抗议信
(《新清华》,1962年11月7日)

### 5.4.2　教学与生产的密切结合

如何把学生所学的书本知识与生产实践紧密地联系起来,也是实现"理工结合"办学的重要步骤之一。工程化学系在这方面主要抓了三个环节,一是生产实习,二是毕业实习,三是毕业设计(或毕业论文)。生产实习是学生在学完基础课程后,在教师的带领下,到普通的化学化工企业中完成的。一次生产实习持续的时间为4~6周,主要目的是让学生通过摸清工厂的工艺流程、设备、仪表等学习过程,真正认识课堂上的化学反应在生产实践中是如何实现的,同时增加对工厂企业的感性认识,虚心向工人师傅学习,培养学生立志做普通劳动者的思想。毕业实习是在学生上完专业基础课和大部分专业课后,在本专业课老师的带领下,到对口的专业工厂或研究所中进行的(实习时间通常也是4~6周)。其主要目的是让学生消化所学的专业知识,为下一步开展毕业设计(或毕业论文)做好准备。毕业设计(或毕业论文)更是培养学生综合分析和解决实际问题能力的关键环节,此时往往能为工厂真正解决一些技术难题,因而常受到企业各类人员的欢迎和称赞。当一组学生的毕业实习和毕业设计安排在同一企业单位进行时,为了节省时间和经费,会把两者合在一起来执行。天然放射性物质工艺学专业1965级化501班的13名同学在于永正等老师带领下,于1964年到我国南方某铀矿厂进行毕业实习和毕业设计,与技术人员和工人密切合作,在改进工艺及提高铀的收率方面做出了突出贡献。图5-9是该厂写给清华大学的表扬信(复印件)。1964年初,高分子专业的化406、化407班的部分同学在周其庠、施秀琼老师带领下,直接到上海合成橡胶研究所做毕业设计,对一种新型塑料的合成做了大量细致的试验工作,获得了许多宝贵的数据,为年产30吨中间试验车间的建成做出了重要贡献。这批清华师生也受到研究所干部、技术人员和工人的高度赞扬,图5-10是该所发给清华及工程化学系党政领导的感谢信(复印件)。

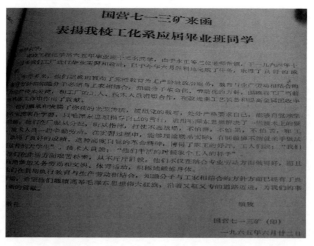

图5-9　国营七一三矿(厂)来函表扬工程化学系师生[①]

---

① 《清华公报》第141期,1965年。

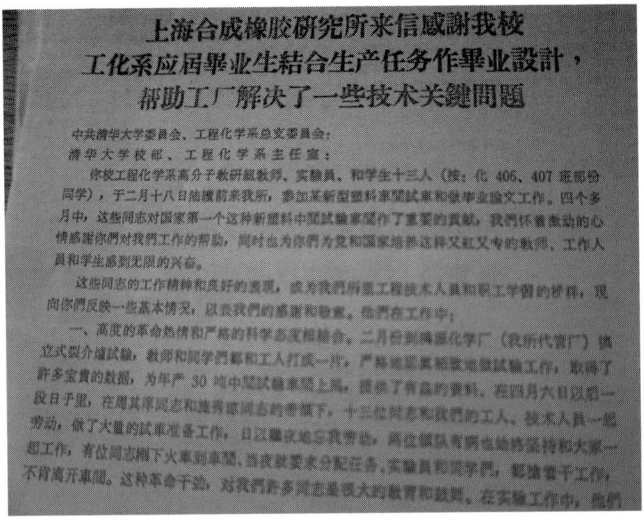

图 5-10　上海合成橡胶研究所写信感谢工程化学系师生[①]

### 5.4.3　学生毕业设计(论文)与科研的密切结合

工程化学系一贯重视毕业班的毕业设计(论文)训练与实际的科研工作相结合。从 1959 年下半年起直到 1966 年上半年，天然和人工放射性物质工艺学专业的各届毕业班学生(总计在 200 人以上)的毕业设计或毕业论文，以及 1961 年后加入的十几位研究生的研究论文，绝大部分都是选用"712"任务的科研课题。此外，低年级同学参加的"专业劳动"也将他们变成了高班同学做实验的得力助手，形成了教师带研究生、研究生带高年级本科生、高年级本科生带低年级同学的"一条龙"的高效、精干科研队伍。教学和科研因此紧密结合，学院可以集中优势力量，同心协力地去攻克一项高难度的国家重点科技任务，不仅使当年在一穷二白条件下产生的重重困难迎刃而解，而且为后人留下了宝贵的经验和精神财富。

总之，工程化学系所采取的教学改革措施，对培养理工兼备、基础扎实、德才兼备的科技人才起到了积极的作用。如表 5-6 中数据所示，该系的 1962—1970 级共培养出了近 1500 名优质毕业生。他们当中不乏栋梁之材，为祖国的经济、国防建设和文教科技事业的发展做出了重要贡献。

---

① 《清华公报》第 130 期，1965 年。

这里要特别提及两位知名系友,他们是这批优质毕业生中的典范。一位是 1970 级的刘延东,她在大学毕业后,长期担任党中央、国务院的高级领导职务(曾任中共中央政治局委员、国务院副总理等职),对社会主义革命和建设事业做出了重要贡献。另一位是 1963 级的费维扬,他是本科毕业后长期奋战在科研和教育战线的化学工程学家,亦是上述优质毕业生中,迄今为止唯一获得中国科学院院士头衔的人。

表 5-6　工程化学系 1962—1970 级培养本科生人数统计[①]

| 年级 | 班号 | 男生 | 女生 | 合计 |
| --- | --- | --- | --- | --- |
| 1962 | 化 21 | 29 | 6 | 35 |
| 1963 | 化 301~304 | 103 | 4 | 107 |
| 1964 | 化 401~407 | 169 | 27 | 196 |
| 1965 | 化 501~506 | 144 | 23 | 167 |
| 1966 | 化 601~607 | 165 | 51 | 216 |
| 1967 | 化 701~705 | 113 | 41 | 154 |
| 1968 | 化 801~805 | 109 | 31 | 140 |
| 1969 | 化 901~905 | 106 | 36 | 142 |
| 1970 | 化 01~05 | 115 | 35 | 150 |
| 1970 | 化 001~005 | 106 | 33 | 139 |
| 总计 |  | 1159 | 287 | 1446 |

注:化 001~005 为五年制,其余均为六年制。

## 5.5　"文革"十年,工程化学系历史的低谷

正当工程化学系各项工作硕果累累、蓬勃发展之际,十年"文革"浩劫爆发了。受"四人帮"控制的清华大学成了重灾区,工程化学系的教学和科研秩序亦遭受严重破坏,人员和财产损失巨大。

1966 年 6 月初,"文革"一开始,清华大学就首当其冲,被认定十七年来(从 1949 年新中国建立算起)推行了一条修正主义的教育路线。随着以蒋南翔同志为首的清华党政领导被推翻,工程化学系和校内其他系一样,被迫停课并停止了招生。系主任汪家鼎教授被打成"反动学术权威",系党总支书记滕藤同志被打成"黑帮分子",系里其他党、政副职干部,亦被扣上"黑帮爪牙"之类的帽子,接受群众批斗和监督劳动改造。而后情

---

[①] 《清华档案馆资料》,案卷号:85026。

况愈演愈烈,教学与科研活动完全停摆。1968年4月23日,清华两派(团派和四一四派)红卫兵群众组织间爆发了持续百日之久的武斗,造成众多师生员工的无谓伤亡(死者中就包括工程化学系一年级的一位同学)。曾是化学系建系初期行政办公和实验室所在地的科学馆,亦因无情的一把火将整座大楼的顶层焚毁(见图5-11)。

图5-11 清华"文革"期间一度被烧毁的科学馆(1968年)

1968年7月27日,中央派出了"工人、解放军毛泽东思想宣传队"(简称工宣队)进驻清华园,制止了两派群众组织间的武斗,全面接管了校、系各级之党政领导权,随后将武斗期间逃散到全国各地躲避的师生员工全部召回,开始参加校内的所谓"斗、批、改"运动。由于当时非正常的政治背景,由迟群和谢静宜把持的工宣队在清华推行了一条极"左"路线,除继续展开对所谓"地、富、反、坏、右"分子实施专政外,又把斗争的主要矛头指向原校、系的领导干部。比如,在"清理阶级队伍"阶段,对工程化学系原党总支副书记黄志冲和原副系主任李文才两位老师,工宣队毫无证据地给他们扣上反党反社会主义的罪名,组织大会、小会对他们进行连续"批斗",致使他们精神崩溃,不幸先后含冤自缢身亡。从1969年5月起,清华大学全校3000余名教职员工陆续被送往血吸虫病重灾区的江西省鄱阳湖鲤鱼洲农场改造思想。工程化学系许多教工到该农场一边参加农业生产劳动,一边接受"再教育"。不少人不幸染上了血吸虫病,身体受到严重的摧残。其中,王凤楼、李振华二位老师在感染血吸虫病后,仅两年便因医治无效离世。由此可见,在"文革"期间,工程化学系的师生员工与校内其他单位的人员一样,从心灵到肉体都遭受了程度不同的打击。

"文革"期间清华的科研工作,除了像"712"任务那样由周恩来总理亲自作指示和下拨专项基金支持的重大国防科研项目能够基本正常地运行外,其他许多研究课题均因经费短缺、人员流失而停顿或中止。但即使在如此困难的条件下,化学教研组以及工程化学系内重组的各个专业教研组中的许多教师,仍坚持开展了较小规模的课题研究,为"文革"后的学科建设和科研振兴保存了一支有生力量。当时开展的主要研究课题有：以锌—空气新型高能电池、金属腐蚀及防腐、耐磨金—镍合金光亮电镀新工艺为主的电化学,以液晶为主的有机化学合成和显示用液晶材料的制备,以物质结构和催化动力学两个研究生班带动下的激光化学、配合物化学、磁共振波谱学和石油化工、一碳化工中的有机合成新工艺及新型催化剂的基础与应用研究,聚碳酸酯生产过程的高分子化学,核燃料化学处理过程中的熔盐化学、核化学研究,新型水泥减水剂及各类体系的分析化学鉴定等①。

"文革"期间的教学工作,尽管受到各种干扰和阻碍,但总体还是在步履维艰地尽力往前走。工宣队进校后,"文革"前入学的1966—1970级六个年级的本科生陆续毕业,分配离校。到1970年,毕业分配工作基本结束。

1968年,毛泽东主席就指出："大学还是要办的,我这里主要说的是理工科大学还要办,但学制要缩短,教育要革命,要无产阶级政治挂帅,走上海机床厂从工人中培养技术人员的道路。要从有实践经验的工人农民中间选拔学生,到学校学几年以后,又回到生产实践中去。"1970年6月27日,中共中央正式批准了《关于北京大学、清华大学招生(试点)的请示报告》。于是清华、北大在因"文革"中断招生五年后,率先在全国开始招收新生。为了与旧的("文革"前招收的)大学生相区分,此时招进的不叫学生,改称学员。鉴于这些学员大多是工人、农民和部队战士,故在正式文件中或公开场合,又亲切地称他们为工农兵学员。

---

① 陈旭,贺美英,张再兴:《清华大学志》第三卷,428页,北京:清华大学出版社,2018年。

在当时的政治氛围下,对工农兵学员的教学指导思想,不得不过分强调"从实践中学"。在恢复招生后,作为权宜之计,工程化学系的核化学化工相关专业被划归核研所(200号)统一领导,并改名为放射化工专业,以利于结合科研工作来组织教学。工程化学系余下4个非核专业,包括高分子材料(塑料)、化学工程、基本有机合成(1974年开始招生),以及分别从土木系调入的建筑材料教研组和动力机械系调入的热工教研组合组成的无机非金属材料专业,将系名从工程化学系改为化学工程系(简称化工系)。表5-7是在1970—1976年"文革"中后期,上述这些化学化工专业招收的工农兵学员统计表。单就数量而言,这七年培养的工农兵学员人数(1600人)已经超过了"文革"前工程化学系招收的本科生(1962—1970级)人数之和(1446人)。

**表 5-7 1970—1976 年清华化学化工相关专业招收工农兵学员人数汇总表[①][②]**

| 专业 | | 时间 | | | | | | 合计 |
|---|---|---|---|---|---|---|---|---|
| | | 1970年 | 1972年 | 1973年 | 1974年 | 1975年 | 1976年 | |
| 放射化工 | 男生 | 78 | 31 | 29 | 62 | 59 | 51 | 310 |
| | 女生 | 5 | 4 | 6 | 14 | 17 | 23 | 69 |
| | 小计 | 83(3个班) | 35(1个班) | 35(1个班) | 76(2个班) | 76(2个班) | 74(2个班) | 379 |
| 高分子材料 | 男生 | 47 | 39 | 16 | 44 | 41 | 23 | 210 |
| | 女生 | 26 | 31 | 20 | 37 | 39 | 19 | 172 |
| | 小计 | 73(2个班) | 70(2个班) | 36(1个班) | 81(2个班) | 80(2个班) | 42(1个班) | 382 |
| 化学工程 | 男生 | 24 | 21 | 28 | 51 | 56 | 36 | 216 |
| | 女生 | 15 | 15 | 7 | 33 | 25 | 14 | 109 |
| | 小计 | 39(1个班) | 36(1个班) | 35(1个班) | 84(2个班) | 81(2个班) | 50(1个班) | 325 |
| 非金属材料 | 男生 | 26 | 21 | 18 | 25 | 20 | 24 | 134 |
| | 女生 | 11 | 17 | 16 | 17 | 18 | 16 | 95 |
| | 小计 | 37(1个班) | 38(1个班) | 34(1个班) | 42(1个班) | 38(1个班) | 40(1个班) | 229 |
| 基本有机合成 | 男生 | | | | 44 | 44 | 21 | 109 |
| | 女生 | | | | 40 | 34 | 23 | 97 |
| | 小计 | | | | 84(2个班) | 78(2个班) | 44(1个班) | 206 |

---

① 陈旭,贺美英,张再兴:《清华大学志(1911—2010)》第三卷,334页,北京:清华大学出版社,2018年。

② 清华大学档案馆提供,案卷号018。

续表

| 专业 | | 时间 | | | | | | 合计 |
|---|---|---|---|---|---|---|---|---|
| | | 1970年 | 1972年 | 1973年 | 1974年 | 1975年 | 1976年 | |
| 聚碳进修班 | 男生 | | | | | 15 | | 15 |
| | 女生 | | | | | 4 | | 4 |
| | 小计 | | | | | 19(1个班) | | 19 |
| 化肥班 | 男生 | | | | | 22 | | 22 |
| | 女生 | | | | | 18 | | 18 |
| | 小计 | | | | | 40(1个班) | | 40 |
| 催化进修班 | 男生 | | | | | | 13 | 13 |
| | 女生 | | | | | | 7 | 7 |
| | 小计 | | | | | | 20(1个班) | 20 |
| 总计 | | | | | | | | 1600 |

虽然当时的外部环境和条件对教学工作有诸多不利,但从事教学工作的老师们还是尽力克服重重困难,兢兢业业地做好自己的本职工作。比如,过往的教材或教科书,显然已不适合工农兵学员使用,但重新编写一本新教材绝非一日之功。此时的老师只好夜以继日地忙碌着:上午编写书稿,下午刻蜡板,晚上出油印讲义,第二天上讲台。用这种办法来应对教学的急需,其效果可想而知。不过,当时放射化工专业为了摆脱这种被动局面,在1971年下决心抽调王家驹、吴华武两位老师,到核工业部四〇四厂的生产现场收集资料,花了近半年的时间,写出了一本正规的专业课教材,受到国内同行和工农兵学员的好评。图5-12所示为该书《辐照核燃料后处理工艺学》(水法部分)的铅印本。

老师们坚持兢兢业业和忠于职守的另一实例,就是经常带领学员们到全国各地的工厂中实行"开门办学"。这种教学方式使许多教师一年中的大半时间都在各地东奔西跑,给他们的家庭和个人带来诸多困难和不便,但他们却毫无怨言。图5-13是1974年化工教研组曾宪舜老师带领工农兵学员到北京化工三厂从事技改设计时留下的珍贵照片。

大部分工农兵学员政治思想素质很高,牢记党和人民的教导,时刻不忘原选送单位领导及战友们的殷切期望,主动与老师相互配合,自觉开展学员间的互帮互学,较好地完成了自己的学业。毕业后无论是回到原选送单位,还是分配到新的工作岗位上,都充分显示出了新一代大学生的能

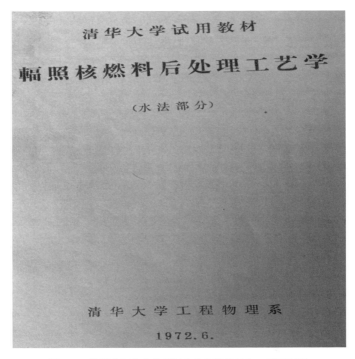

图 5-12　放射化学专业使用过的专业课教材之一(1972 年)

图 5-13　曾宪舜老师(前排右 2)带领工农兵学员到北京化工三厂搞设计(1974 年)

力和风采。他们中最杰出的代表有：有五(二)班的习近平(现任中共中央总书记、国家主席、中央军委主席等职)，有五(一)班的陈希(曾任中共中央政治局委员、中央书记处书记、中组部部长等职，现任中央党校(国家行政学院)校长(院长)一职。)，化三(一)班的王志新(生物科学家，中国科学院院士)。图 5-14 是有五(二)班的毕业照。

图 5-14　工程化学系有五(二)班毕业照(1979 年)。前排中为时任校长刘达，其左为时任工化系团委书记刘述礼，其右为班主任刘金尧

当然，由于多方面的原因，也有一些工农兵学员在大学期间未能取得令人满意的学业成绩。这些原因大致包括：①未经入学考试筛选，学员进校的文化基础参差不齐，老师难以找到有效的授课方式。②政治活动频繁，耗费了学员们过多的时间和精力。③过分强调从实践中学习知识，轻视理论教学，导致部分学员基础理论知识欠扎实，不易提高举一反三的能力。

## 5.6　"文革"结束后工程化学系重振雄风

1976 年粉碎"四人帮"之后，清华也像全国其他单位一样，在党中央的领导下拨乱反正、涅槃重生，迅速地恢复了元气，重新走上兴旺发展的道路。曾在国内有举足轻重地位和影响的工程化学系亦借此良机得以恢复,重获新生。

### 5.6.1 重组专业结构和领导班子,提高复原工作效率

工程化学系复系的头一件事就是根据学科发展的动向,把当时化学工程系中已有的专业和放射化工专业重新组合,并把系名复原为"文革"前的工程化学系。此时,原系主任汪家鼎先生、原系党组织领导人滕藤同志也就顺理成章地"官复原职"了。因全系规模扩大,党员人数剧增,滕藤同志的职务从系党总支书记升格为系党委书记。

为了使工程化学系快速地重振,在专业调整的同时,还大力推进了系领导班子的重组工作。为弥补"文革"造成系领导干部的减少,汪、滕二位领导陆续从校外工作的校友中物色和调入了黄圣伦、苏健民、袁乃驹三位政治素质高、工作能力强、业务过硬的同志,来充实系党政领导班子,并将"文革"中流散到外地的原系团委书记刘述礼老师调回系里工作,重新组建起一个强而有力的系领导核心。

### 5.6.2 加强师资队伍建设,促进教学和科研工作开展

新建成的系领导班子发现,"文革"十年使教师队伍出现了严重的"断层"现象,不仅没有年轻人来补充师资队伍,而且原有的教师也出现很强的游离倾向。于是在系各级干部队伍组建完成后,系领导下一件要推进的工作就是尽快引进和培养年轻的教学及科研人才,其主要措施有两条。一是召回了一批"文革"期间"被发配"各地的、品学兼优的原工程化学系毕业生作后备骨干,如吴国是、宁永成、孙扬名等。二是将一批"文革"期间招收的本校在职研究生重新"回炉"。他们因受迟群等人1973年"反击右倾翻案风"的冲击未能完成学业,此时系里将他们重新组织起来,继续深造并完成学业。这其中有两个化学化工专业的研究生班,物质结构研究班和催化研究班。这两个专业涉及的是当时国内外正处于蓬勃发展阶段的化学学科,有许多前沿领域的研究课题。物质结构研究生班的主要指导教师有宋心琦、周昕、区耀华等,来自各系的十名研究生是:石鸿昌、张复实、唐应武、周玉祥、段明星、严玉顺、张建华、曹恒忠、王希成、王家振。催化研究生班的主要指导老师有李成林、刘殿求、袁伟等,其十名研究生是:李如生、潘伟雄、史士东、丁富新、蒋大洲、夏云菊、潘子昂、

何宜生、李升平、高森泉。1983年,这批研究生均陆续通过了硕士学位论文答辩,成为"文革"后清华大学首批硕士。他们毕业后大多留校工作,分别成为化学系、化工系、生物系等单位的骨干教师。其中,李如生在国外获得博士学位后回国,埋头致力于基础理论研究,其成果获国内外同行高度评价,成为一位在非平衡非线性热力学领域的学术带头人①。

### 5.6.3 大力开展群众性的体育锻炼活动,促进学生德、智、体全面发展

在全面贯彻党当时倡导的德、智、体全面发展的教育方针这一方面,工化系(工程化学系的简称)的工作一向十分得力。"文革"前的工化系因成立较晚,与兄弟系相比是个新系,也是个小系,体育比赛成绩很差,在全校运动会上的总分排名总是居后。为了更好地贯彻全面发展的教育方针,1963年,系党总支书记滕藤同志提出了"体育三年翻身"的口号,并在系学生会下成立了"体育组",由一位系学生会副主席直接领导。系团委书记刘述礼老师更是把"体育三年翻身"当作系团委的一项重要工作来抓。每个年级还增设一名体育干事,协助各班组织好群众性的体育锻炼活动。每天下午到了4点半后,在西大操场锻炼的人群中,众多的工化系学生十分引人注目,其结果是本系同学们的体质普遍得到增强。

为提高体育竞赛成绩,工化系还大力加强了系代表队的组织建设。球类、游泳以及校运会上的主要田径项目,系内都组建了相应的体育代表队,把有体育特长的同学组织起来,并将少数体育特长更为突出的同学尽量送到校代表队去培训,以便快速提高他们的运动成绩。功夫不负有心人,在1965年春季校运动会上,工化系一举夺得女子团体总分第四名,男子团体总分第二名,男女团体总分第一名的好成绩。"体育三年翻身"的目标不到两年就实现了。在1966年的清华田径运动会上,上述三项团体总分冠军被工化系的体育健儿包揽,工化系一跃成为清华大学的体育强系。

"文革"结束后,工化系原有的重视体育工作的优良传统被原原本本

---

① 周蕊等:《继往开来,再展宏图——庆祝清华大学化学系成立七十周年暨复系十周年》,15页,1996年。

地继承了下来。在老校长蒋南翔"为祖国健康工作五十年"口号的鼓舞下,从1978年复原后的工化系开始,直到1985年化学化工系分成化学和化工两个独立的系为止,连续八年夺得了清华大学田径运动会男女团体总分第一,这不能不说是一项空前的体育创举①。不仅如此,一些体育成绩拔尖的同学,如自行车运动员张立华、短跑运动员陈希、全能运动员陈钢、投掷运动员牛淑芳、中长跑运动员郑丽娟等,他(她)们在校内外各种体育赛事中取得的优异成绩,也为化学化工系争得了巨大的荣誉。表5-8列出了工程化学系从成立开始,在一些重要体育比赛中集体或个人夺冠的情况。

**表5-8 从工程化学系开始的主要体育比赛夺冠项目**

| 时间 | 获奖集体或个人 | 获奖项目 |
| --- | --- | --- |
| 1962年6月② | 工程化学系 | 清华系际射击比赛冠军 |
| 1964年11月③ | 工程化学系 | 全校射击比赛冠军 |
| 1965年4月④ | 工程化学系 | 第12届全校田径运动会男女团体总分第一名 |
| 1966年4月⑤ | 工程化学系 | 第13届全校田径运动会男女团体总分第一名 |
| 1978—1979年⑥ | 工程化学系 | 连续两年蝉联全校田径运动会男女团体总分第一名 |
| 1980—1985年⑥ | 化学与化工系 | 连续六年蝉联全校田径运动会男女团体总分第一名 |
| | 化学系 | 全校田径运动会(丙组)男女团体总分第一名 |
| 1963—⑦ | 张立华(工程化学系,1966级系友) | 先后参加四届全国运动会,27次打破自行车比赛全国纪录 |
| 1975年⑧ | 陈希(化学工程系,1975届系友) | 短跑运动员。曾获清华男子100米、200米、400米三个项目的5个冠军,1982年被授予"清华模范运动员"称号 |

---

① 陈旭,贺美英,张再兴:《清华大学志(1911—2010)》第一卷,585页,北京:清华大学出版社,2018年。
② 《新清华》,637期。
③ 《新清华》,720期。
④ 清华大学校史研究室:《清华大学九十年》,259页,北京:清华大学出版社,2001年。
⑤ 清华大学校史研究室:《清华大学九十年》,267页,北京:清华大学出版社,2001年。
⑥ 陈旭,贺美英,张再兴:《清华大学志(1911—2010)》第一卷,585页,北京:清华大学出版社,2018年。
⑦ 《清华百年体育》,86页。
⑧ 《清华百年体育》,104页。

续表

| 时间 | 获奖集体或个人 | 获奖项目 |
|---|---|---|
| 1978—① | 陈钢(工程化学系,1977届系友) | 全能运动员。多次获得北京高校田径运动会五项全能和十项全能冠军。曾获"模范运动员""市级三好学生"称号 |
| 1980—② | 牛淑芳(女,化学与化工系,1980届系友) | 投掷运动员。曾获北京高校女子标枪冠军,并打破了保持近24年的清华铁饼纪录 |
| 1990年③ | 郑丽娟(女,化学系,1987届系友) | 获亚洲运动会女子800米、1500米冠军 |

### 5.6.4 创新思教工作新模式

重视青年学生的思教工作,引导学生走"又红又专"之路是清华办学的一贯指导思想。要取得好的效果,任何时候方针都是不变的,方法却要与时俱进。对于"文革"刚结束后入学的学生,他们中多数人的社会经历比较曲折,对社会上一些正面或负面的现象多有耳闻目睹。对他们进行思想教育,就不能单纯沿用讲课、作政治报告等直接灌输的方式,需要既保留传统的教育方式,又在党团组织的引导下,以组织社会调查、参加社会实践、开展专题讨论等多种途径,促使同学们通过自我教育和相互启发,达到正确认识形势和自己将承担的历史使命的目的。

化七二班同学于1979年3月起,在系党、团组织的引导下,开展了对"社会主义优越性"问题的讨论。班级团支部为了让同学们敞开思想,畅所欲言,提出"约法四章",即在讨论问题中"不扣帽子,不打棍子,不抓辫子,不记本子",允许发言者保留自己的意见。有时,政治课老师或辅导员老师也以普通成员的平等身份来参加同学们的讨论,使会议气氛变得更加活跃和富有探索性。

经过一段时间的学习和讨论(有时也展开辩论),化七二班部分同学过去在思想上存在的对"社会主义优越性"的某些怀疑和困惑基本上消除了,大家对于建设社会主义、实现"四个现代化"都充满了信心,于是纷纷提出"从点滴做起""从小事做起""从我做起,从现在做起"等口号,以此

---

① 《清华百年体育》,104页。
② 《清华百年体育》,106页。
③ 方惠坚,张思敬:《清华大学志》(上),扉页,北京:清华大学出版社,2001年。

来相互激励。班级团支部集中全班同学的智慧,认为"从我做起,从现在做起"这个口号更能反映时代的潮流,于是这个外表朴实无华,但又能很好地将"自强不息""行胜于言"的清华精神具体化的口号,就从化七二班响起,迅速传遍清华园,响彻全中国。在短短半年时间内,从《中国青年报》开始,包括《人民日报》《光明日报》《中国青年》杂志等中央级的党团报刊,以及校刊《新清华》均先后用社论、评论员文章和长篇新闻报导等方式,盛赞这个口号代表了当代中国青年的心声,具有划时代的意义。表5-9汇总了自1979年12月以来,上述报刊发表的有关清华工程化学系化七二班思教工作的各类文章。图5-15所示为《中国青年报》1980年1月26日在头版头条位置发表的社论"从我做起,从现在做起"。图5-16是参加2019年清华化工系纪念"从我做起,从现在做起"口号提出40周年大型座谈会的部分师生合影。

**表5-9　1979年开始国内主要报刊有关清华工程化学系化七二班的报导汇总***

| 报导时间 | 报导刊物 | 文章类别 | 文章标题 |
| --- | --- | --- | --- |
| 1979年12月6日 | 《中国青年报》 | 新闻报导 | 《清华大学化七二班学生通过讨论加深对社会主义认识,搞四化要"从我做起,从现在做起"》 |
| 1980年1月26日 | 《中国青年报》 | 社论 | 《从我做起,从现在做起》 |
| 1980年3月20日 | 《中国青年报》 | 长篇报导 | 《行动口号是:从我做起,从现在做起》 |
| 1980年,第5期 | 《中国青年》杂志 | 评论员文章 | 《一代新人的崛起》 |
| 1980年3月20日 | 《光明日报》 | 长篇报导 | 《"从我做起,从现在做起"》 |
| 1980年2月16日 | 《人民日报》 | 新闻报导 | 《北京高校学生思想政治工作会议强调,引导青年学生又红又专献身四化》 |
| 1980年4月17日 | 《人民日报》 | 化七二班团支部工作经验 | 《我们是怎样提出"从我做起,从现在做起"的口号的》 |
| 1980年3月11日 | 《新清华》 | 化七二班团支书程宜荪文章 | 《做青年工作必须讲究唯物辩证法》 |
| 1980年4月17日 | 《新清华》 | 新闻报导 | 《从我做起,做什么?怎么做?》 |
| 1980年4月17日 | 《新清华》 | 歌曲(洪源词,晓河曲) | 《从我做起,从现在做起》(写给清华大学的同学们) |
| 2019年12月6日 | 《中国青年报》 | 综合述评 | 《穿越40年的青春回答"从我做起,从现在做起"》 |

注:*1980年2月,工程化学系更名为"化学与化学工程系"(简称:化学化工系)。

图 5-15 《中国青年报》社论：从我做起，从现在做起（1980 年）

图 5-16 清华化工系纪念"从我做起，从现在做起"口号提出 40 周年大型座谈会现场（2019 年）

由于化七二班团支部在组织该班思教活动中发挥了很好的作用，其于 1981 年先后被清华大学团委和共青团中央评选为先进团支部。工程化学系学生工作组也因在贯彻党的"德、智、体"全面发展教育方针方面工作得力，成效显著，从 1979 年起连续 3 年被评为清华大学校级先进集体，1981 年还荣获北京市先进集体称号（参见 1980—1982 年《清华公报》）。图 5-17 为 1980 年初工程化学系学生工作组召开工作会议时的留影。图 5-18 为原工程化学系领导与三位曾参与化七二班思教工作的师生三十余年后再聚清华园时的合影。

第 5 章 清华化学与化工联合建系时期(1952—1985)

图 5-17 原清华工程化学系学生工作组会议照片(1980 年)

图 5-18 原工程化学系领导与三位参与化七二班思教工作的师生合影
(左起：原化七二班团支书程宜荪、原工化系党委书记滕藤、原工
化系学生工作组组长吴华武、原化七年级辅导员齐让，2017 年)

## 5.7 化学与化工的学科建设比翼齐飞

### 5.7.1 化学与化学工程系的诞生

在 1952 年院系调整后，清华被定性为工科大学，但蒋南翔校长等学校主要领导始终认为孤独地发展工科不是最好的办学模式，应走理工结

合之路。因此早在"文革"前,工化系就在核化学化工的一些专业中做过"理工结合"的教改尝试,取得了较好的效果,不过也带来了诸如学制偏长和学生负担过重之类的缺点。"文革"结束后,清华大学的本科学制由六年压缩为五年,过去的教学计划和方案不能再实施了。此时的校系领导为继续贯彻"理工结合"的办学思路,便对"理工结合"的定义作了更加宽泛的解读,即不是针对所有专业的学生个体一刀切地要求"理工结合",而是将这一目标放在系的层面来解决。也就是说,在一个系内,同时分别设置多个工科和理科的专业教研组,部分学生学工,部分学生学理,这样就既达到了"理工结合"促进学科发展的目的,又有利于在课程设置上贯彻"少而精"的原则。

工化系的党政领导的办事作风向来雷厉风行。"文革"结束后不久,为了践行上述"理工结合"的理念,自 1977 级本科生起,工化系就设置了理科班。再进一步,1979 年年底,经与学校领导商定,原属基础教学研究部的化学教研组整体调入工程化学系,以加强该系理科建设的师资力量。1980 年 2 月,经 1979—1980 年度第九次校长工作会议通过,又决定将"工程化学系"更名为"化学与化学工程系"(简称"化学化工系"),使工程化学系加强理科建设变得更加名正言顺。图 5-19 是校长办公室专门为此下发的《通知》,该《通知》称:"化学教研组调整到工程化学系后,该系已是包括化工、化学的

图 5-19　校长办公室为工程化学系更名所发的《通知》(1980 年)

理工结合的系。"就把工程化学系更名的意图说得一清二楚了。

在更换系名和充实理科师资队伍完成之后,化学化工系又经过一段时间的调整和运作,将各专业教研组的干部队伍配备齐全。表5-10列出了1983年该系各教研组的主要干部名单。尽管当时就全系范围讲,化工学科的师资力量还是明显强于化学学科,但从教研组的设置情况看,工科与理科的数目和规模几乎平分秋色,这也反映了系领导层要加强理科建设的决心。化学化工系的行政领导(系主任)初期继续由汪家鼎先生担任,随后由张孝文、苏健民教授先后接替,系党委书记滕藤同志在新系成立后不到一年时间就调任清华大学副校长主管科研工作,此后系党委书记职务陆续由黄圣伦、刘述礼、曹晓文同志继任。

表 5-10  化学化工系各教研组干部(1983年)[①]

| 教研组名称 | 教研组主任 | 教研组副主任 | | |
|---|---|---|---|---|
| 高分子化工教研组 | 周其庠 | 孙以实(女) | 赵安赤 | 王慧芬(女) |
| 无机非金属材料教研组 | 吴建铣 | 陈振刚 | | 李龙土 |
| 化学工程教研组 | 蒋维钧 | 刘瑞祺 | 金涌 | 雷良恒 |
| 系统工程教研组 | 彭秉璞 | 陈丙珍(女) | | |
| 应用化学教研组 | 李以圭 | 陈智 | 李洲 | 刘克权 |
| 物理化学教研组 | 宋心琦 | 刘芸 | 刘殿求 | 郭金梁 |
| 普通化学教研组 | 廖松生 | 张翠宝(女) | 武翠伦(女) | 丁廷桢 |
| 仪器分析中心实验室 | 郑用熙 | 邓勃 | 王运辉 | 郁鉴源 |
| 有机化学教研组 | 刘庄(女) | | | |
| 无机化学教研组 | 吕维纯 | 何其盛 | | |

表5-10列出的化学化工系下设的各个教研组,基本都是在原有的教学和科研单位基础上不断扩大与增强的实体单位,在此不作一一评述。唯有"仪器分析中心实验室"(后称"清华大学分析中心")是在校系领导的支持下新建和迅速发展起来的。它是一个教学、科研、对外测试服务三位一体的基层单位,对清华校内学科的发展起了很好的促进作用,也是国内高校中最早建立的分析测试中心。故在此有必要对它的成长过程作一简述。

早在1972年,在党中央国务院号召加强基础科学研究的形势下,校系领导便抓住时机加强理科建设,将原工程化学系下属四个教研组的较大型的分析仪器和一部分教工集中起来,在东主楼11区原无线电系的部

---

① 《清华公报》第五卷,69期。

分实验室内组建了"仪器分析中心实验室"。1973年,中日邦交正常化后,借助日本在中国举办仪器展览会的机会,学校又及时从展览会上购置了扫描电镜、核磁共振波谱仪、原子吸收分光光度计等,使仪器设备有了较大规模的扩充。1978年,为了适应学校整体发展的需要,实验室更名为"仪器分析中心实验室"。1983年,学校利用世界银行教育贷款再次为分析中心更新了一批先进的仪器设备,增添了电子能谱仪、傅里叶变换红外光谱仪等九台大型分析仪器,使实验室初具规模。与此同时,实验室进行了全面调整,首先将"分析化学教研组"与"仪器分析中心实验室"合并为一个实体,但保留分析化学教研组的建制,以便于教学管理以及与校外同行的业务联系。其次在新仪器安装、调试、验收完成的基础上,进一步补充了技术人员,扩大了科研工作和国际交流的领域。1985年化学系复系时,学校将仪器分析中心实验室正式划归化学系管理,并于次年将"仪器分析中心实验室"改名为"清华大学分析中心"(简称"分析中心")。

回顾1972年分析中心刚建立时,面临着师资力量不足、仪器设备老化、专业教材匮缺等诸多不利因素的困扰,然而经过一批批分析中心人的艰苦努力,终将一道道难关化险为夷。在这里要特别列出1972年最早到实验室工作的邓勃、徐志固、王运辉、董玉英、许慧卿、刘密新、杜学礼、许维光、蔡丽英、朱平、张志新、毕爱华、方家钰等十三位元老。图5-20所示是首批创建者中的邓勃、刘密新、王运辉三位老师与日本专家在一起工作时的照片。

图5-20 分析中心邓勃等老师接待日本专家大津塚时留影
(左起:邓勃、刘密新、王运辉、大津塚,1975年)

## 5.7.2 改革开放后第一份化学理科专业的课表

1977年恢复高考制度后,为了促进理科建设,工化系在当年新招收的本科新生中增设了一个理科班(化七三班)并于1979年正式以"物理化学及仪器分析"理科专业的名义招收本科新生。经过三年试行和修订后,一份较为完整的化学理科专业课程表于1981年确定(见表5-11和表5-12)。表5-11所列必修课充分体现了汪家鼎、滕藤等系主要领导的一贯主张,即,清华培养的化学专业理科学生,除要精通化学外,应比一般化学系学生具有更强的数理基础,以适应现代化学发展的需要。如数学方面,除设传统的数学分析、常微分方程、概率与数理统计外,还增开了空间解析几何及线性代数、计算机语言与程序等课程,保障学生快速掌握现代运算方法和工具。又如在物理学方面,除适量增大普通物理的课内学时外,还增设了近代物理实验课。表5-12所列选修课既给优秀学生提供了继续深造的学科领域,也给兴趣广泛的学生留出了自由发展的空间。表5-11和表5-12所列课程设置,亦是1985年化学系复建后新订课程表的原始参照版本。

**表5-11 物理化学及仪器分析专业本科生课表之一——必修课(1981年)**[①]

| 序号 | 课程名称 | 课程性质 | 课内学时 | 学分数 |
|---|---|---|---|---|
| 1 | 政治 | 必修课 | 203 | 24 |
| 2 | 体育 | 必修课 | 205 | 12 |
| 3 | 大学英语 | 必修课 | 290 | 32 |
| 4 | 数学分析 | 必修课 | 198 | 28 |
| 5 | 空间解析几何及线性代数 | 必修课 | 71 | 12 |
| 6 | 常微分方程 | 必修课 | 40 | 6 |
| 7 | 无机化学 | 必修课 | 102 | 12 |
| 8 | 无机化学实验 | 必修课 | 118 | 15.5 |
| 9 | 普通物理 | 必修课 | 291 | 41 |
| 10 | 普通物理实验 | 必修课 | 81 | 10.5 |
| 11 | 概率与数理统计 | 必修课 | 60 | 8 |
| 12 | 应用电子学及电工学 | 必修课 | 90 | 12 |
| 13 | 有机化学 | 必修课 | 100 | 11 |
| 14 | 有机化学实验 | 必修课 | 91 | 10 |
| 15 | 分析化学 | 必修课 | 102 | 12 |

---

① 《清华大学教学计划》,1981年。

续表

| 序号 | 课程名称 | 课程性质 | 课内学时 | 学分数 |
|---|---|---|---|---|
| 16 | 物理化学 | 必修课 | 119 | 18 |
| 17 | 物理化学实验 | 必修课 | 80 | 8 |
| 18 | 量子化学基础 | 必修课 | 80 | 13 |
| 19 | 计算机语言与程序 | 必修课 | 51 | 6 |
| 20 | 仪器分析 | 必修课 | 48 | 8 |
| 21 | 仪器分析实验 | 必修课 | 70 | 9.5 |
| 22 | 物质结构 | 必修课 | 75 | 12 |
| 23 | 物化实验方法 | 必修课 | 50 | 6 |
| 24 | 近代物理实验 | 必修课 | 54 | 7 |
|  | 小计 | 必修课 | 2639 | 333.5 |

表 5-12　物理化学及仪器分析专业本科生课表之二——选修课（1981 年）[①]

| 序号 | 课程名称 | 课程性质 | 课内学时 | 学分数 |
|---|---|---|---|---|
| 1 | 科技英语选读，专业英语阅读 | 指定性选修课 | 144 | 16 |
| 2 | 第二外语 | 指定性选修课 | 144 | 16 |
| 3 | 英语提高课 | 指定性选修课 | 144 | 16 |
| 4 | 经济管理概论 | 指定性选修课 | 40 | 4 |
| 5 | 化工技术经济 | 指定性选修课 | 40 | 4 |
| 6 | 络合物化学 | 指定性选修课 | 60 | 7 |
| 7 | 溶液理论导论 | 指定性选修课 | 50 | 6 |
| 8 | 统计热力学 | 指定性选修课 | 80 | 10 |
| 9 | 分离技术 | 指定性选修课 | 20 | 2 |
| 10 | 有机化合物的谱图解释 | 指定性选修课 | 50 | 6 |
| 11 | 量子化学计算方法 | 指定性选修课 | 50 | 6 |
| 12 | 分子光谱概论 | 指定性选修课 | 80 | 10 |
| 13 | 理论有机化学 | 指定性选修课 | 45 | 6 |
| 14 | 化学工程基础 | 指定性选修课 | 100 | 12 |
| 15 | 仪器分析实验（二） | 指定性选修课 | 100 | 12 |
| 16 | 量子力学 | 任选课 | 75 | 12 |
| 17 | 过渡元素化学 | 任选课 | 50 | 6 |
| 18 | 生物化学 | 任选课 | 70 | 8 |
| 19 | 催化作用原理 | 任选课 | 40 | 5 |
| 20 | 光化学原理 | 任选课 | 40 | 4 |
| 21 | 表面化学 | 任选课 | 40 | 5 |
| 22 | 计算机语言与程序（二） | 任选课 | 54 | 6 |
| 23 | 化学动力学 | 任选课 | 46 | 6 |
| 24 | 仪器分析讲座 | 任选课 | 27 | 3.5 |
| 25 | 仪器分析中的数理统计方法 | 任选课 | 27 | 3.5 |

---

① 《清华大学教学计划》，1981 年。

## 5.7.3 科研工作稳步向前推进

1978年党的十一届三中全会后,本系化工学科研究领域不断拓宽,研究工作取得了较大的进展。在化学工程学方面,逐步扩展形成了包括传质分离工程、化学反应工程、化工热力学和化工系统工程的较为完整的学科结构。高分子材料方面的研究已扩展到特种高分子材料、多组分多相高分子材料和功能高分子材料的多个新领域。此外,生物化工、医药化工、天然资源和环境化工方面的科研工作也都先后启动并争取到一定的研究经费,形成了新的学科方向。

1978—1985年,在创办物理化学及仪器分析理科专业的驱动下,化学化工系的理科研究也有了较快的发展,在应用化学和化学现代基础理论领域形成了固定的研究方向并取得了一些成果,主要包括:一碳化学中的新型催化剂和新工艺,从头算为核心的量子化学,以激光诱导荧光为主的光化学,非平衡态热力学与耗散结构,溶液及热化学,彩色感光胶片工艺,原子吸收光谱、分光光度等分析化学,以新型液晶显示器件和材料为目标的液晶分子的有机合成和材料制备,食品香料添加剂的有机合成,原子反应堆核燃料中的化学问题研究等。

表5-13列出了改革开放初期化学与化学工程系的科研项目获奖情况。数据显示,化学学科领域的老师虽然开展了不少的科研工作,但是主要精力还是投在教学工作上,获奖项目多由化工学科领域的老师牵头。

表5-14列出了化学与化工两学科联合建系时期化学学科部分老师出版的一些代表性著作。这些论著一定程度上反映了当时世界科技前沿的状况,对工程化学系、化学化工系的科研和教学工作起到很好的促进作用。

**表5-13 化学与化学工程系的科研项目获奖状况[1][2]**

| 年份 | 项目名称 | 项目获奖情况 | 主要完成者 |
|---|---|---|---|
| 1979 | 合成苯基环己烷系列液晶产品 | 北京市科技成果奖二等奖 | 姚乃燕等 |

---

[1] 方惠坚,张思敬:《清华大学志》(上),北京:清华大学出版社,2001年。
[2] 陈旭,贺美英,张再兴:《清华大学志(1911—2010)》第三卷,北京:清华大学出版社,2018年。

续表

| 年份 | 项目名称 | 项目获奖情况 | 主要完成者 |
|---|---|---|---|
| 1981 | 斜孔塔板 | 国家发明奖四等奖 | 段占庭、蒋维钧等 |
| 1984 | 共振搅拌反应器 | 国家发明奖四等奖 | 亓平言、戴诗亮等 |
| 1984 | 造气炉螺旋锥型炉篦 | 推广应用奖 | 曾宪舜等 |
| 1984 | 流化床反应塔立构件开发 | 推广应用奖 | 金涌等 |
| 1984 | 透明氧化铝陶瓷高压钠灯 | 推广应用奖效益显著专项奖 | 苗赫濯等 |
| 1985 | 加盐萃取精馏制取无水乙醇新工艺 | 国家技术发明奖三等奖 | 段占庭、周荣琪等 |
| 1985 | 特种陶瓷（陶瓷劈刀等） | 国家"六五"科技攻关奖 | 化学化工系等单位 |
| 1985 | 新型合金纬纱管 | 国家科技进步奖三等奖 | 张增民等 |
| 1985 | 换热网络的优化综合技术 | 国家科技进步奖三等奖 | 陈丙珍等 |

表 5-14 化学系部分老师在化学、化工联合建系期间出版的部分专著和译著

| 作者 | 书名 | 专著类别 | 出版社 | 出版年份 |
|---|---|---|---|---|
| 张子高 | 《中国化学史稿（古代之部）》 | 科学专著 | 科学出版社 | 1964 |
| 黄子卿 | 《物理化学》 | 教科书 | 高等教育出版社 | 1956 |
| 黄子卿 | 《电解质溶液理论导论》 | 科学专著 | 科学出版社 | 1964 |
| 傅鹰 | 《化学热力学导论》 | 科学专著 | 科学出版社 | 1963 |
| 傅鹰 | 《大学普通化学（上）》 | 教科书 | 人民教育出版社 | 1979 |
| 唐有祺 | 《统计力学及其在物理化学中的应用》 | 科学专著 | 科学出版社 | 1964 |
| 唐有祺 | 《对称性原理》 | 科学专著 | 科学出版社 | 1977 |
| 张青莲 | 《重水分析法的研究》 | 科学专著 | 科学出版社 | 1959 |
| 张青莲主编 | 《无机化学丛书》（18卷） | 科学专著 | 科学出版社 | 1982 |
| 冯新德 | 《高分子合成化学（上册）》 | 科学专著 | 科学出版社 | 1981 |
| 滕藤等 | 《溶剂萃取化学》（原著：[日]关根达也） | 译著 | 原子能出版社 | 1981 |
| 朱永𦧲等 | 《人工放射性元素化学工学基础》（原著：[苏]齐里别尔曼） | 译著 | 人民教育出版社 | 1962 |
| 朱永𦧲等 | 《锕系元素氧化还原热力学》（原著：[苏]鲍林、卡列林） | 译著 | 原子能出版社 | 1980 |
| 宋心琦 | 《中国大百科全书（化学卷）》等12部 | 部分编审或翻译 | 中国大百科全书出版社 | 1981年起 |
| 郑用熙等 | 《元素的分离和分光光度测定》（原著：[波兰]马钦科） | 译著 | 地质出版社 | 1980 |
| 郑用熙 | 《分析化学中的数理统计方法》 | 科学专著 | 地质出版社 | 1983 |
| 廖松生 | 《奇异的液晶》 | 科学专著 | 人民教育出版社 | 1985 |
| 王致勇 | 《无机化学原理》 | 教科书 | 清华大学出版社 | 1983 |

续表

| 作者 | 书　名 | 专著类别 | 出版社 | 出版年份 |
|---|---|---|---|---|
| 胡鑫尧 | 《计算机在分析化学中的应用》 | 科学专著 | 清华大学出版社 | 1982 |
| 刘国璞 | 《大学化学》 | 教科书 | 清华大学出版社 | 1985 |
| 郁鉴源 | 《分析化学》 | 教科书 | 中央广播电视大学出版社 | 1985 |

## 5.8 清华理科系和理学院的重建

正当化学化工系的学科建设搞得热火朝天,不断创出理工结合办系的新模式和新经验时,一股更加强劲的"理科热潮"又席卷了清华园。1952年院系调整后,清华大学的定位由综合性大学改为工科大学,自然就没有理科的生存空间了。党的十一届三中全会后,发展科技和教育是国家各项任务中的重中之重,清华的定位逐步由工科大学向综合性大学过渡(注:现在清华大学的定位为综合性、研究型、开放式大学),于是复建理科系、重建理学院就成了一种势不可挡的大趋势。这种趋势是在更高级别(校级)层面上的理工结合办学模式,能在全校范围内更好地集中各类理科建设人才,提高整体的办学效率。

表5-15列出了20世纪80年代初期各理科系相继复建的情况。表中所列资料有两点值得在此提及:一是复系后的系名。除化学系外,其他各系系名均有更动或反复,这反映了理科系复建初期,人们对今后的办系方向还有些犹豫不决,经过一段时间的实践后,才最终确定了理科建设应有的方向。但化学系的情况是个例外。尽管当时的复系条件并不好,时任主要的系领导层(包括化学化工系的前任领导滕藤同志在内)都认为办学方向要从系的名称上体现出来,拒绝使用"应用化学系"之类的不伦不类的系名,从而使化学系复系后的学科建设思路一直都比较清晰。二是在几个理科系中,化学系的复系时间最晚,它几乎在1985年与理学院同时重建。其主要原因是化学系复系前,早在1980年就正式组建了理工结合的化学与化学工程系,全系的运作正蒸蒸日上、有条不紊地进行。要弥补由于历史原因造成的化学理科基础相对薄弱,在引进人才、加强基础科研、创造条件获得更多的理科化学专业学位授予权等方面都需要有足够

多的时间。值得庆幸的是,经过不懈的努力,在克服了重重困难之后,化学系终于按计划在理学院成立之前得以复建。

表 5-15　清华理科系和理学院 20 世纪 80 年代复建情况汇总

| 复建院系名称 | 复建年份 | 复建后首任院长（或系主任） | 备　　注 |
| --- | --- | --- | --- |
| 应用数学系 | 1980 | 赵访熊 | 1999 年更名数学科学系 |
| 物理系 | 1982 | 张礼 | 1984 年更名现代应用物理系<br>1999 年重新更名为物理系 |
| 生物科学与技术系 | 1984 | 蒲慕明 | 2009 年更名为生命科学学院 |
| 化学系 | 1985 | 吴国是 | |
| 理学院 | 1985 | 周光召(兼) | |

# 附 录

# 附录1　曾在清华化学系工作或学习过的中国科学院学部委员(院士)和中国工程院院士[①]

**侯德榜**(1890—1974),福建闽侯人。化学工程学家。1912年毕业于清华学校。1955年选聘为中国科学院学部委员(院士)。

**庄长恭**(1894—1962),福建泉州人。有机化学家。1919年清华留美生。1955年选聘为中国科学院学部委员(院士)。

---

[①] 参考《清华大学化学系九十周年纪念册》,按院士出生年月排序,截至2019年年底。

**杨石先**(1897—1985),浙江杭州人。有机化学家。1918年毕业于清华学校。1955年选聘为中国科学院学部委员(院士)。

**黄鸣龙**(1898—1979),江苏扬州人。有机化学家。曾任国立西南联合大学化学系兼职教授。1955年选聘为中国科学院学部委员(院士)。

**纪育沣**(1899—1982),浙江鄞县人。有机化学家。1945年曾在国立西南联合大学化学系任教。1955年选聘为中国科学院学部委员(院士)。

**曾昭抡**(1899—1967),湖南湘乡人。化学教育家。1938年任国立西南联合大学化学系教授。1955年选聘为中国科学院学部委员(院士)。

**黄子卿**(1900—1982),广东梅县人。物理化学家。1921年毕业于清华学校,曾任清华大学化学系教授。1955年选聘为中国科学院学部委员(院士)。

**傅鹰**(1902—1979),福建闽侯人。胶体化学家。1951年在清华大学化学系任教。1955年选聘为中国科学院学部委员(院士)。

**袁翰青**(1905—1994),江苏南通人。化学家,化学史学家。1929年毕业于清华大学化学系。1955年选聘为中国科学院学部委员(院士)。

**张大煜**(1906—1989),江苏江阴人。物理化学家。1929年毕业于清华大学化学系。1955年选聘为中国科学院学部委员(院士)。

**张青莲**(1908—2006),江苏常熟人。无机化学家。1934年清华大学化学系研究生毕业。1955年选聘为中国科学院学部委员(院士)。

**蒋明谦**(1910—1995),四川蓬溪人。理论化学家。抗战时期曾在国立西南联合大学化学系任教。1980年当选为中国科学院学部委员(院士)。

**孙德和**(1911—1981),安徽桐城人。冶金学专家。1934年毕业于清华大学化学系。1955年选聘为中国科学院学部委员(院士)。

**高振衡**(1911—1989),浙江绍兴人。有机化学家。1934年毕业于清华大学化学系。1980年当选为中国科学院学部委员(院士)。

**萧伦**(1911—2000),四川郫县人。放射化学家。1939年毕业于国立西南联合大学化学系。1980年当选为中国科学院学部委员(院士)。

**侯祥麟**(1912—2008),广东汕头人。化学工程学家。1950年任清华大学化学工程系教授,1955年当选为中国科学院学部委员,1994年当选为中国工程院院士。

**时钧**(1912—2005),江苏常熟人。化学工程学家。1934年毕业于清华大学化学系。1980年当选为中国科学院学部委员(院士)。

**陈新民**(1912—1992),安徽望江县人。冶金物理化学家。1935年毕业于清华大学化学系。1980年当选为中国科学院学部委员(院士)

**汪德熙**(1913—2006),江苏灌云人。核化学化工专家。1935年毕业于清华大学化学系。1980年当选为中国科学院学部委员(院士)。

**武迟**(1914—1988),浙江余杭县人。石油化工学家。1936年毕业于清华大学化学系。1980年当选为中国科学院学部委员(院士)。

**朱亚杰**(1914—1997),江苏兴化县人。化学工程学家。1938年毕业于国立西南联合大学化学系。1980年和1994年分别当选为中国科学院学部委员(院士)和中国工程院院士。

**陈冠荣**(1915—2010),湖北武汉人。化学工程学家。1936年毕业于清华大学化学系。1980年当选为中国科学院学部委员(院士)。

**曹本熹**(1915—1983),上海人。化学工程学家。1938年毕业于国立西南联合大学化学系。1980年当选为中国科学院学部委员(院士)。

**唐敖庆**（1915—2008），江苏宜兴人。量子化学家。1940年毕业于国立西南联合大学化学系。1955年选聘为中国科学院学部委员（院士）。

**冯新德**（1915—2005），江苏吴江县人。高分子化学家。1948年任清华大学化学系教授。1980年当选为中国科学院学部委员（院士）。

**王世真**（1916—2016），福建福州人。核医学家。1938年毕业于国立西南联合大学化学系。1980年当选为中国科学院学部委员（院士）。

**申泮文**(1916—2017),广东从化县人。无机化学家。1940年毕业于国立西南联合大学化学系。1980年当选为中国科学院学部委员(院士)。

**黄培云**(1917—2012),福建福州人。金属材料科学家。1938年毕业于国立西南联合大学化学系。1994年当选中国工程院院士。

**钱人元**(1917—2003),江苏常熟人。物理化学家。1940—1943年在国立西南联合大学化学系任教。1980年当选为中国科学院学部委员(院士)。

**张滂**(1917—2011),江苏南京人。有机化学家。1942年毕业于国立西南联合大学化学系。1991年当选为中国科学院学部委员(院士)。

**严东生**(1918—2016),上海人。材料科学家。1935年考入清华大学化学系。1980年和1994年分别当选为中国科学院学部委员(院士)及中国工程院院士。

**何炳林**(1918—2007),广东番禺人。高分子化学家。1942年毕业于国立西南联合大学化学系。1980年当选为中国科学院学部委员(院士)。

**汪家鼎**(1919—2009),重庆人。化学工程学家。长期在清华大学工程化学系、化学与化学工程系任教,对清华大学化学系、化工系的建设和学科发展做出了卓越的贡献。1980年当选中国科学院学部委员(院士)。

**陈茹玉**(1919—2012),福建闽侯人。有机化学家。1942年毕业于国立西南联合大学化学系。1980年当选中国科学院学部委员(院士)。

**钮经义**(1920—1995),江苏兴化县人。生物化学家。1942年毕业于国立西南联合大学化学系。1980年当选中国科学院学部委员(院士)。

**唐有祺**（1920—2022），上海人。物理化学家。1951年在清华大学化学系执教。1980年当选中国科学院学部委员（院士）。

**余国琮**（1922—2022），广东广州人，化学工程学家。1939年考入国立西南联合大学化工系，1991年当选中国科学院学部委员（院士）。

**邹承鲁**（1923—2006），江苏无锡人。生物学家。1945年毕业于国立西南联合大学化学系，1980年当选中国科学院学部委员（院士）。

**谢毓元**（1924—2021），江苏苏州人。药物化学家。1949年毕业于清华大学化学系。1991年当选为中国科学院学部委员（院士）。

**朱永䩺**（1929—2024），安徽泾县人。核化学工程学家。1951年毕业于清华大学化学系。清华工化系"712"任务（国家"两弹一星"重大科研项目）领导者之一。1995年当选为中国工程院院士。

**吴慰祖**（1932—　），江苏南通人。精细化工专家。1950年就读于清华大学化学系。1999年当选为中国工程院院士。

**陈冀胜**(1932—2022),天津人。药物化学家。1952年毕业于清华大学化学系。1999年当选为中国工程院院士。

**黄春辉**(1933— ),河北邢台人。无机化学家。1952年就读于清华大学化学系。2001年当选为中国科学院院士。

**何国钟**(1933— ),广东南海县人。物理化学家。1951年考入清华大学化工系。1991年当选中国科学院学部委员(院士)。

**金涌**(1935— ),北京人。化学工程学家。1978年后陆续在清华大学工程化学系及化学与化学工程系任教多年。1997年当选为中国工程院院士。

**姚守拙**(1936— ),上海人。分析化学家。1959年起在清华大学工程化学系任教多年。1999年当选为中国科学院院士。

**陈丙珍**(1936— ),江苏无锡人。化工系统工程学家。1978年后陆续在清华大学工程化学系及化学与化学工程系任教多年。2005年当选为中国工程院院士。

附录

**费维扬**(1939— ),上海人。化学工程学家。1963年毕业于清华大学工程化学系,随后在该系及化学与化学工程系任教多年。2003年当选为中国科学院院士。

**沈德忠**(1940—2014),贵州贵阳人。无机非金属晶体学家。1996年于清华大学化学系任教。1995年当选为中国工程院院士。

**赵玉芬**(1948— ),河南淇县人。有机化学家。1971年毕业于台湾新竹清华大学化学系,1989年于北京清华大学化学系任教。1991年当选中国科学院学部委员(院士)。

173

**程津培**（1948— ），天津人。物理有机化学家。2012年起任教于清华大学化学系。2001年当选为中国科学院院士。

**王志新**（1953— ），江苏金坛人。生物化学家。1977年毕业于清华大学化学工程系并留系任教。1997年当选为中国科学院院士。

**张洪杰**（1953— ），吉林长春人。无机化学家。2019年起于清华大学化学系任教。2013年当选为中国科学院院士。

**欧阳颀**(1955— ),安徽天长人。非线性科学与生物物理学家。1982年毕业于清华大学化学与化学工程系,并留系任教。2015年当选为中国科学院院士。

**王梅祥**(1960— ),上海人。有机化学家。2009年起任教于清华大学化学系。2021年当选为中国科学院院士。

**邱勇**(1964— ),四川荣县人。有机光电材料学家。1988年本科毕业于清华大学化学系,1994年获博士学位并留系任教。现任清华大学党委书记。2013年当选为中国科学院院士。

**李亚栋**（1964— ），安徽宿松人。无机化学家。1999年起任教于清华大学化学系。2011年当选为中国科学院院士。

**张希**（1965— ），辽宁本溪人。高分子化学家。2003年起任教于清华大学化学系。2007年当选为中国科学院院士。

**刘仲华**（1965— ），湖南衡阳人。茶学专家。长期在湖南农业大学任教，2014年获得清华大学化学系博士学位，2019年当选为中国工程院院士。

**李景虹**(1967— ),吉林长春人。分析化学家。2004年起任教于清华大学化学系。2019年当选为中国科学院院士。

# 附录2  清华大学化学系历届系主任和系党委(总支)书记名单

| 系主任 | 任职时的系名 | 任职时间/年 | 系党委(总支)书记 | 任职时的党组织名 | 任职时间/年 |
|---|---|---|---|---|---|
| 杨光弼 | 化学系 | 1926—1928 | | | |
| 高崇熙(代理) | 化学系 | 1928—1929 | | | |
| 张子高 | 化学系 | 1929—1937 | | | |
| 杨石先 | 西南联大化学系 | 1937—1945 | | | |
| 黄子卿(代理) | 西南联大化学系 | 1945—1946 | | | |
| 高崇熙 | 清华化学系 | 1946—1950 | | | |
| 张子高 | 清华化学系 | 1950—1952 | | | |
| 张子高 | 清华工程化学系 | 1958—1962 | 滕藤 | 清华工程化学系党总支 | 1960—1966 |
| 汪家鼎 | 清华工程化学系 | 1962—1966 | 滕藤 | 清华工程化学系党委 | 1978—1980 |
| 汪家鼎 | 清华工程化学系 | 1978—1980 | 滕藤 | 清华化学化工系党委 | 1980—1981 |
| 汪家鼎 | 清华化学与化学工程系 | 1980—1984 | 黄圣伦 | 清华化学与化工系党委 | 1981—1982 |
| 张孝文 | 清华化学与化学工程系 | 1984—1985 | 刘述礼 | 清华化学与化工系党委 | 1982—1984 |
| 苏健民 | 清华化学与化学工程系 | 1985 | 曹晓文 | 清华化学与化工系党委 | 1984—1985 |
| 吴国是 | 清华化学系 | 1985—1991 | 高鸿锦 | 清华化学系党委 | 1985—1999 |
| 廖沐真 | 清华化学系 | 1991—1997 | 唐应武 | 清华化学系党委 | 1999—2000 |
| 薛芳渝 | 清华化学系 | 1997—2002 | 李勇 | 清华化学系党委 | 2000—2006 |

续表

| 系主任 | 任职时的系名 | 任职时间/年 | 系党委(总支)书记 | 任职时的党组织名 | 任职时间/年 |
|---|---|---|---|---|---|
| 邱勇 | 清华化学系 | 2002—2008 | 尉志武 | 清华化学系党委 | 2006—2015 |
| 张希 | 清华化学系 | 2008—2014 | 梁琼麟 | 清华化学系党委 | 2015—2024 年 |
| 王训 | 清华化学系 | 2014—2020 | 许华平 | 清华化学系党委 | 2024— |
| 刘磊 | 清华化学系 | 2020— | | | |

# 附录3　清华化学系大事记(1909—1985)

**1909 年**

7 月　清政府在北京设立游(留)美学务处,负责选派留美学生和筹建游美肄业馆。

9 月　清政府将清华园拨给留美学务处,作为留美肄业馆馆址。

12 月　清华园开始圈筑围墙,新建校门,新修清华学堂等建筑,并于 1911 年竣工。

**1911 年**

4 月　游美肄业馆更名为清华学堂,附属于游美学务处。次年,清华学堂更名为清华学校。

**1919 年**

5 月 4 日　中国历史上著名的反帝爱国运动(五四运动)爆发,清华师生积极参与,最终迫使北洋政府拒绝在丧权辱国的巴黎凡尔赛和约上签字。

本年　西区体育馆、图书馆(现老馆的一部分)、科学馆相继建成。

**1926 年**

4 月 19 日　清华学校首次教授会选举梅贻琦为教务长,选举陈达、孟宽承、戴超、杨光弼等 7 人为评议员,与校长、教务长一起组成评议会。

4 月 28 日　清华学校第二次评议会召开,选举吴宓为评议会书记,并决定设定 17 个学系,其中有国文学系、西洋文学系、物理学系、化学系等 11 个系先行设立专修课程。

4 月 29 日　在科学馆 212 室召开的第三次教授会议,选举产生了各系的系主任。化学系的首位系主任为杨光弼教授。

9月　化学系聘任教授还有梁传玲、高崇熙、赵学海三人。

**1927年**

2月17日　校评议会决定：同意梁传玲等5位教员暑假离校出国。

9月30日　校评议会决定：杨光弼教授兼任学校建筑委员会主席。

9月　沈镇南为化学系新聘教授。

**1928年**

2月　化学系重订的本科课程设置正式公布实施。

8月17日　民国政府决定：清华学校更名为国立清华大学，并任命罗家伦为首任校长。

9月　国立清华大学共设14个系：国文学系、外国语文学系、历史学系、政治学系、经济学系、社会人类学系、哲学系、心理学系、数学系、物理学系、化学系、生物学系、市政工程学系、地理学系。

9月　杨光弼先生辞去化学系主任职务，随后该职务由高崇熙教授担任（代理）。化学系新聘教授谢惠到职。

**1929年**

4月15日　校评议会决定：成立毕业成绩审查委员会，高崇熙负责召集。

9月　化学系新聘教授张子高到职，并担任化学系主任职务。

9月23日　校教授会选举评议员，吴宓、冯友兰、张子高等当选。

**1930年**

3月13日　校评议会决定：政治、经济、化学、中国文学、历史五系定于下学年设研究所。

7月18日　理学院教授会决定：从1930年起，理学院出版《国立清华大学理科研究报告》。

9月　化学系新聘教授李运华到职。

9月26日　校评议会通过兴建化学馆的提案，次年10月动工新建。

**1931年**

3月26日　校评议会决定：修正通过本大学研究院规程。从本年起清华设立化学研究所，从1933年起改称清华大学理科研究所化学部，并开始招收硕士研究生。

7月7日　张子高兼任清华教务长。

**1932 年**

5月26日　校评议会决定：讲师所授课程须有本科生5人或研究生3人方得开班。

12月　化学馆建成。

**1933 年**

3月16日　化学系助教严仁荫在实验室研究烟幕弹时，药品发生爆炸，左臂腕部之内骨不幸被炸断。

6月　中国化学会代表大会在清华大学举行，化学系6位教授与参会者在新落成的化学馆前合影留念。

12月7日　教授会通过修订的教务通则：学生于考试时作弊（如夹带、枪替、抄袭、传语等），一经查出，着记大过两次。

**1934 年**

7月7日　校评议会决定：准派遣化学研究所毕业生马祖圣、张青莲往美国或德国留学。

12月　姚克广（姚依林，本年度考入化学系）、蒋南翔（1932年考入中文系）经周小舟（北京师范大学学生）介绍，加入"中华民族武装自卫会"。

**1935 年**

4月　中共秘密外围组织"北平民族自卫会"成立。清华大学建立分会，其成员有蒋南翔、姚克广（姚依林）、吴承明（1934年考入化学系）、黄诚等。

9月　化学系新聘教授张大煜到职。

12月　"一二·九"爱国学生运动爆发。化学系学生积极投身于运动之中，校友姚克广时任北平学联秘书长，吴承明时任中华民族解放先锋队清华大队队长。

**1937 年**

7月28日　北平（北京）沦陷，清华师生纷纷逃离校园。

9月12日　日本宪兵队侵入清华园，学校遭受空前的掠夺，仪器、设备和家具损失达90%以上，图书损失超过半数。整个校园沦为日军兵营和伤兵医院，化学馆也被洗劫一空。

10月25日　清华大学、北京大学、南开大学三校千余名师生南下陆续到达湖南长沙,组成国立长沙临时大学(长沙临大),三校化学系合组成长沙临大化学系,由杨石先先生担任系教授会议主席(相当于系主任)。

**1938年**

1月20日　长沙临大常委会第43次会议对学校西迁入滇做了具体安排并得到上级批准。

2月　长沙临大师生由长沙分三路赴滇,其中以步行为主的学生旅行团于2月19日出发,历时两个多月,步行1300余千米,于4月28日抵达昆明。

2月初　大多数化学系老师随队伍去往昆明,钱思亮等几位老师绕道上海购买了30箱化学药品,经海运到安南(越南)海防,再转运到云南昆明。此举不但缓解了联大化学系开设实验课缺乏药品的燃眉之急,亦为化学系前期购置其他物品开辟了一条路径。

4月2日　奉民国教育部电令:国立长沙临时大学改称国立西南联合大学(简称联大)。校常务委员会仍由北京大学、清华大学、南开大学三校校长和秘书组成,常委会主席由三校校长轮流担任。各系教授会主席一律改称为系主任,化学系主任仍由杨石先教授担任。联大除师范学院外,本科学制均为四年。

**1939年**

4月　联大新建校舍竣工,化学系的实验室也从先前租借的昆华农校搬到了新校区的铁皮顶平房内。

4月29日　部分清华大学师生举行28周年校庆纪念会。在联大期间,每年都有类似的纪念活动。

**1940年**

7月　日本侵略者攻占安南(越南),昆明成为日军经常轰炸的前线城市。

7月中旬　奉民国教育部之令,联大准备再次搬迁。经叶企孙、杨石先等赴四川勘察新校址后,排出各学院迁川次序为:理、工、文、法、商、师范。

11月13日　联大第161次校常委会决定:校本部暂不外迁。在四川南部成立联大叙永分校,并规定本年度600余名新生在12月10日前去叙永分校报到上课。

**1941年**

本年　化学系曾昭抡教授为了强化学生理论联系实际的能力,让学生更多的了解国情、民情,决定从本年起,陆续组织化学系、生物系、地质系的部分学生,到滇西、西康(川西)地区的矿山、化工厂、酿酒厂、兵工厂、窑洞等处参观和考察,并撰写了两卷本的日志。其考察报告于1945年正式出版。

本年　黄子卿教授为了治病,不得不变卖书籍和衣物。

8月31日　因办学条件太差,四川叙永分校撤销。

**1942年**

12月21日　联大常委会决议:在教务长离校期间,其职务由杨石先教授代理。

**1943年**

本年　化学系张青莲教授有关重水的研究成果,赢得民国教育部学术二等奖,其相关的12篇论文分别发表在国内外的著名期刊上。

3月24日　第253次常委会决定:在梅(贻琦)常委、蒋(梦麟)常委因公赴渝离校期间,所有常务委员会职务,请杨石先先生暂行兼任。

8月19日　第271次常委会决议:聘请杨石先、刘仙洲等5人为毕业生成绩审查委员会委员,杨石先任主席。

10月27日　遵民国教育部令:聘请杨石先为教务长。

**1944年**

11月22日　民国教育部令:杨石先教授等27人,因教学辛苦,家累复重而又安贫乐道,未在校外兼任其他工作,各给予研究补助费1万元。

**1945年**

9月11日　杨石先教授出国研究,化学系主任职务由黄子卿先生代理。

**1946年**

7月31日　联大正式结束。

8月　化学系扩大招生人数。

9月　遭日军严重损坏的化学馆的清理、修缮工作基本完成。

11月5日　复员后清华大学第一学期开始上课。

**1947年**

5月1日　校评议会修正通过《国立清华大学规程》。《规程》规定，设文学、理学、法学、工学、农学5个学院，理学院中设数学、物理学、化学、生物学、地学、气象学、心理学，共7个系。

7月　《国立清华大学一览》公布复员后的校、系等各级干部名单：校长梅贻琦、教务长吴泽霖、理学院院长叶企孙、化学系主任高崇熙等。

8月　严仁荫教授来化学系执教。

9月25日　《清华周刊》被列入禁刊，化学系校友郑用熙等该刊物的领导者紧急商讨对策。

**1948年**

9月　冯新德教授来化学系执教。

12月15日　解放军进驻海淀，清华园获得解放。

**1949年**

9月　校务委员会公布新的各院系院长和系主任名单：理学院院长叶企孙，化学系系主任高崇熙等。

本年　化学系张青莲等人在 *Nature* 杂志上发表有关重水的科研论文。张龙翔被化学系新聘为兼职教授。

**1950年**

2月13日　清华大学教育工作者工会成立，张子高任工会主席。

4月11日　为了更正规的管理化学系经营的化学品生产，清华生产管理委员会和化学系共同制定出《清华大学附设化学材料实验室暂行组织规程(草案)》。

7月24日　校务委员会批准化学系主任高崇熙辞职并休假1年，聘请张子高任该系系主任。

本年　化学系新聘黄新民为兼职教授。

**1951年**

5月　清华院系改革中提出的化学系培养目标："培养学生以正确的观点与方法，掌握化学及其有关科学的基本知识，俾能充任经济建设所需的化学研究与化学技术人才,高等学校的化学教师或科学研究机关的工作人员。"

本年　化学系新聘冯新德为教授。

**1952 年**

8月19日　教育部批复清华大学、燕京大学、北京大学的院系调整人事方案:清华大学原有的文、法、理三学院除留下少数人外,全部调整到北京大学等单位。北京大学、燕京大学两校工学院调整到清华大学。清华大学化学系停办。

10月　普化教研组成立。张子高任教研组主任,周昕、宋心琦任科学秘书。

**1956 年**

10月　由于全校学科建设的需要,普化教研组在大力增强师资队伍的前提下,陆续开设了无机化学、有机化学、分析化学、物理化学等基础化学课程。教研组名称由普化教研组改称化学教研组,主任仍为张子高先生,新设副主任由周昕、宋心琦担任。

**1958 年**

7月3日　校务行政(扩大)会议决定:清华大学增设工程化学系(简称工化系,设塑料专业),化学教研组主任张子高任系主任(当时暂未建立中共系级党组织)。

**1959 年**

3月27日　校务会议决定:为加强对基础课教研组工作的领导,成立在校务会议领导下的包括物理、数学、化学、理论力学、材料力学、俄文六个教研组组成的基础课委员会。主任委员李寿慈,副主任委员刘绍唐。

**1960 年**

2月10日　经校务会议通过,将原属工程物理系的天然放射性物质工艺学专业(110教研组)、人工放射性物质工艺学专业(120教研组)和轻同位素分离与应用专业(130教研组)划入工程化学系,张子高继续担任系主任,新任命汪家鼎、滕藤为副系主任,汪家鼎兼任110教研组主任,朱永䁵任120教研组主任,李成林任130教研组主任,黄志冲任140教研组(塑料专业)主任。随后成立中共工程化学系党总支,滕藤任总支书记,李文才、黄志冲任副书记。

**1962 年**

9 月 29 日　校务会议任命徐日新为工程化学系副主任。

11 月 17 日　国务院第 121 次全体会议,通过了任命张子高为清华大学副校长的议案。

12 月 7 日　校务会议通过了任汪家鼎为工程化学系主任,免去张子高工程化学系主任一职的议案。

**1963 年**

5 月 16 日起　工程化学系 1966 级学生张立华五次打破三项男子自行车全国纪录。

**1965 年**

2 月 24 日　为加强对"712"科研任务的领导,校务会议决定:增设工程化学研究室,汪家鼎任研究室主任,朱永䐟、鲍世铨任副主任。

4 月 25 日　在全校第 12 届田径运动会上,工程化学系获男女团体总分第一名。

12 月　换届后的工程化学系党政主要领导成员为:系主任汪家鼎;副主任徐日新、滕藤、李成林、李文才;系党总支书记滕藤,副书记黄志冲、曹晓文。

**1966 年**

4 月 24 日　在全校第 13 届田径运动会上,工程化学系第二次荣获男女团体总分第一名。

6 月初　"文革"开始,全校基本处于无组织状态。

9 月　工程化学系承担的我国核工业部重大科研项目"溶剂萃取法核燃料后处理研究"(简称"712"任务)胜利完成。

**1970 年**

8 月 29 日　全校首届 2842 名工农兵学员陆续到校(其中化学工程系 149 人,核能研究所放射化工专业 85 人)。

**1973 年**

4 月 13 日　全校举办激光、固体物理、物质结构、有机催化四个专业的研究生班,半年后因迟群(时任清华党委书记)等人在校内掀起"反击右倾回潮"运动而暂时停办。

**1978 年**

2月　"文革"后首届招收的800余名1977级新生陆续到校。

3月18日　全国科学大会开幕,工程化学系完成的溶剂萃取法核燃料后处理研究("712"任务)、新型浮动喷射塔板、高压钠灯等多项科研成果获全国科学大会奖。

5月13日　在全校第21届田径运动会上,工程化学系又获男女团体总分第一名。

本年　化学工程系与工程物理系放射化工专业合并,恢复"工程化学系"的建制,汪家鼎和滕藤分别恢复工程化学系系主任和系党委书记("文革"前称系党总支书记)的职务。

**1979 年**

4月29日　在全校第22届田径运动会上,工化系蝉联男女团体总分第一的桂冠。

5月　化七二班同学开始讨论"社会主义优越性"问题,团支部集中大家的意见,提出"从我做起,从现在做起",为社会主义现代化多做贡献的口号。这个口号很快传遍全校和全国。本年12月,学校授予化七二班先进集体称号。

9月21日　在全国妇联召开的表彰"三八"红旗手大会上,陈翠仙老师被授予全国"三八"红旗手的称号。

9月　工化系正式以"物理化学及仪器分析"理科专业的名义招收本科新生。

11月29日　校长工作会议决定:将基础教学研究部的化学教研组调入工程化学系,以加强该系理科建设。

本年　"合成苯基环己烷系列液晶"科研项目,获北京市科技成果奖二等奖。

**1980 年**

2月29日　校长工作会议通过:工程化学系更名为化学与化学工程系(简称化学化工系)。

4月27日　学校举行第23届田径运动会,从本届直到1985年为止,化学与化学工程系连续六年蝉联男女团体总分第一名。

11月　汪家鼎教授当选为中国科学院学部委员(院士)。

**1981年**

6月25日　化七二班团支部被共青团中央表彰为先进团支部。

10月29日　校长工作会议决定：给予化学与化工系研究生陈希以全校通报表扬。

11月3日　经国务院批准下达的化学与化学工程系首批博士和硕士学位授予学科是：博士学位授予学科(专业)：传质与分离工程(汪家鼎)；硕士学位授予学科(专业)：无机非金属材料、高分子材料、化工热力学、化学反应工程、应用化学(液晶化学及仪器分析)。

**1982年**

3月24日　在北京市召开的表彰先进大会上，化学与化学工程系学生工作组荣获"北京市先进集体"称号。

5月27日　校长工作会议决定：授予化学与化工系陈希、陈钢二位同学"清华大学模范运动员"称号。

**1983年**

7月5日　经校学术委员会会议通过：化学与化学工程系正式聘请唐敖庆、冯新德、杨光华、徐光宪、邹承鲁、彭少逸为兼职教授。

**1984年**

3月29日　教育部批准在清华设立9个自然科学研究机构，其中之一为化学工程与应用化学研究所(所长汪家鼎)。

6月9日　在主楼后厅举行本校研究生院成立大会。经教育部批准，副校长滕藤兼任院长。

10月31日　《清华公报》公布：张孝文任化学与化学工程系系主任，曹晓文任系党委书记。

本年　化学与化工系"共振搅拌反应器"科研项目获国家发明奖四等奖。

**1985年**

2月28日　化学与化工系薛芳渝老师获"北京市劳动模范"称号。

本年　特种陶瓷(陶瓷劈刀等)科研项目，获国家"六五"科技攻关奖。

10月25日　校长工作会议决定：成立清华理学院，下设应用数学系、物理系、化学系和生物科学与技术系，并将化学与化学工程系分为化学系(系主任吴国是)和化学工程系(系主任苏健民)。

11月6日　张孝文副校长主持化学与化工分系仪式。

11—12月　校长工作会议和校党委分别任命吴国是为化学系系主任，高鸿锦为化学系党委书记。

12月28日　学校举行理学院成立大会，周光召院士兼任理学院院长，张孝文、刘迺泉教授任副院长。

# 后　记

学科和院系的发展史是一所大学历史的重要组成部分。自1985年清华化学系复系起,各届系的党政领导班子均十分重视系史资料的收集、编纂和出版工作,到2016年止,已先后编印成册的纪念书刊有:《继往开来,再展宏图》(庆祝清华大学化学系成立七十周年暨复系十周年,1996年)、《高崇熙教授诞辰百周年纪念文集》(2001年)、《清华大学化学系系庆纪念册》(2006年)、《清华化学历史人物》(尉志武、李兆陇主编,清华大学出版社出版,2011年)、《清华大学化学系九十周年纪念册》(2016年)等。上述专著为随后展开的系史编纂工作提供了许多珍贵的文字和图片资料。

2018年,《清华时间简史:化学系》一书正式入选学校"学科院系部门发展史编纂工程"的资助项目。化学系也在系党委书记梁琼麟、副书记乔娟的直接领导下,成立了系史编纂工作小组,正式启动了编写系史的程序。系史编纂工作小组成员包括(按姓氏笔画排列):于莹、付诗林、时燚、李兆陇、吴华武、尉志武、梁岑等七位老师。在整个系史编纂过程中,工作小组曾多次召开专门会议,以确定系史应包含的主要内容,大体的编写计划和一些疑难问题的分析及处理。编者在收集整理与化学系相关档案材料、校报校刊、图书专著和校友文集的基础上,于2020年完成初稿并在系内外开始征求意见。因为经全系师生员工近百年(尤其是1985年复系后的近四十年)的共同努力,在师资队伍建设、人才培养、科学研究等诸多领域,均取得了十分丰硕的成果,需要载入系史的内容颇多,经系领导研究决定,《清华时间简史:化学系》分两册出版。本书为系史的上册,主要记载自1926年化学系建立至1985年化学系复建为止的史实。《清华时间简史:化学系》的下册则主要记述自1985年复建后的化学系简史。本书根据系内外征得的意见和建议,经反复修改、补充后,于2023年7月提交给了清华大学出版社。

  由于我们的阅历、写作水平和掌握的资料有限,再加上化学系的发展过程比较曲折,几经分分合合、起起伏伏的折腾,有些问题还有待理清和考证。因此,本书的编写过程中难免出现不少疏漏及不妥之处,望读者多多包涵并不吝赐教,待再版时及时更正。

  本书编纂过程中得到了各方面的支持与帮助,感谢化学系老师(含离退休老师)和系友提供了珍贵资料或审阅了书稿;感谢系机关各科室老师提供了翔实的资料数据和统计图表;感谢校史馆、档案馆和图书馆提供了查阅校史和校友资料的便利。要特别致谢的人中,除德高望重的滕藤、宋心琦二位师长外,还有刘磊、王训、乔娟、尉志武、吴国是、邓勃、刘金尧、时燚、付诗林、李兆陇、梁岑、于莹、竭继阳等师生,都对本书的编纂和出版给予了大力的支持和帮助。

  本书恰好在清华化学系一百周年诞辰纪念日来临之际出版,祝贺她蒸蒸日上,永葆青春!

作 者

2024 年 8 月